保育所の民営化

保育所の民営化

田村 和之 著

信山社

目次

はじめに …………………………………………………………3

I 市町村の保育所設置・整備義務 …………5

1 地方自治体の「公の施設」設置義務 ……………………5
2 市町村の保育所設置義務・整備義務 ……………………7
3 私立保育所の設置・整備についての市町村の役割 ……8
4 地方自治体による私立保育所設置・整備の促進策 ……10

II 公立保育所の「民営化」
　　──「民営化」の3つの方式── …………………13

1 「公設民営」方式 …………………………………………14
　(1) 旧地方自治法244条の2第3項による管理委託方式 (14)
　(2) 厚生労働省の通達による運営業務委託方式 (15)
　(3) 法改正にひとしい新通達とその問題点 (17)
　(4) 地方自治体独自の法解釈を (19)
2 指定管理者方式 ……………………………………………20
　(1) 指定管理者方式の導入 (20)
　(2) 指定管理者方式と運営業務委託方式の並存 (21)
　(3) 2つの方式の比較 (22)
　(4) あらためて市町村の保育所設置・整備義務、公立保育所の直営原則の確認を (24)
3 公立保育所の「廃止・民営」化 …………………………25

v

(1)　公立保育所の設置義務違反の廃止 (25)
　(2)　在園児がいる公立保育所の廃止 (25)
　(3)　「廃止、民営」化を争う裁判 (27)

Ⅲ　無認可（認可外）保育施設 …………………………31

　1　無認可保育施設に対する規制の強化 ………………………31
　(1)　従来の規制——立入調査権と事業停止・施設閉鎖命令権 (31)
　(2)　規制強化の2001年児童福祉法改正 (32)
　(3)　無認可保育施設に対する監督・規制権限の強化がもたらすもの (34)
　2　無認可（認可外）保育施設の「活用」 ………………………34
　(1)　児童福祉法24条1項ただし書の「適切な保護」 (35)
　(2)　東京都の「認証保育所」という無認可保育施設 (35)
　(3)　無認可保育施設は「多様な保育サービス」提供資源か (36)
　3　保育所に代わる適切な保護——無認可保育施設の利用…37
　(1)　「待機児」は違法 (37)
　(2)　「適切な保護」とは (39)
　(3)　「適切な保護」に関する2つの判例 (40)
　(4)　「適切な保護」を行う主体——市町村 (42)
　4　「待機児童」の厚生労働省定義の問題点 ……………………42

Ⅳ　保育所の定員超過入所 …………………………………45

　1　「制度化」された定員超過入所 ………………………………45
　2　定員超過は違法——かつての厚生省通達 …………………46
　3　定員超過入所容認の経過 ……………………………………46

4　定員超過入所と児童福祉施設最低基準 ……………49
　　(1)　「暫定定員」(49)
　　(2)　設備、職員数が最低基準を満たしていれば暫定定員
　　　　で、問題ないか (49)
　　(3)　最低基準違反を容認──現行の通達 (51)
　　(4)　定員超過入所がやむを得ないと考えられる場合 (51)
　　5　暫定定員の設定と運用をめぐる問題 ………………52
　　(1)　暫定定員の設定をめぐって (52)
　　(2)　暫定定員の公表について (53)
　　(3)　保育所の定員のあり方 (54)

Ⅴ　保育所の「規制緩和」……………………………………57

　　1　保育所設置者の「規制緩和」…………………………57
　　(1)　従前の規制──保育所設置者を社会福祉法人に限定 (57)
　　(2)　保育所設置者の規制を撤廃 (58)
　　2　児童福祉施設最低基準の「切り下げ」………………59
　　(1)　運用の「切り下げ」(59)
　　(2)　解釈の変更──「分園」という名の保育所「新設」(60)
　　(3)　改正（改悪）による「切り下げ」(61)
　　(4)　児童福祉施設最低基準とは何か (62)
　　(5)　構造改革特別区域法による規制緩和 (64)
　　(6)　保育所・幼稚園の一元化 (66)
　　(7)　真に望まれる一元化を (67)

Ⅵ　保育をめぐる最近の立法と法改正 ……………………69

　　1　少子化基本法、次世代育成法…………………………69
　　(1)　法律の基本理念 (69)

（2）少子化基本法11条（71）
　2　2003年の児童福祉法改正 …………………………………72
　（1）子育て支援事業（73）
　（2）市町村保育計画（74）
　3　2004年の児童福祉法改正 …………………………………76
　4　母子及び寡婦福祉法28条 …………………………………78

Ⅶ　児童福祉法をどう活用するか
　　　──保育所入所の権利の実現のために── ………81

　1　国・地方自治体による児童福祉サービスの給付 ………81
　2　1997年児童福祉法改正による保育所入所制度の改革
　　　──その内容と留意点………………………………82
　（1）入所申請手続きの法定化の意義（83）
　（2）保育所入所拒否事由（84）
　（3）希望保育所名の入所申込書への記載──保育所選択権（85）
　（4）保育所入所（保育の実施）期間の長期間化（86）
　（5）広　域　入　所（87）
　（6）保育所入所と行政手続法（87）

おわりに …………………………………………………91

　資料の調べ方 …………………………………………94
　あとがき ………………………………………………97

保育所の民営化

はじめに

　本書では、最近の児童福祉法に基づく保育所法制度の変動について、その問題点を考察するとともに、国民の保育要求の実現のために法制度をどのように活用することができるかといったことについて、筆書の考えていることを示したい。

　規制緩和、福祉の市場化という最近の政策動向の中で、児童福祉法はほとんど毎年のように改正され、保育所に関する条文も次から次へと新しいものが定められている。そのような動きの基調は政府の政策の具体化であるが、しかし、他方では最近の極端な「少子化」現象のもとで、国民の保育所への要求を不十分ながら実現する内容になっている側面もないわけではない。動きは非常に複雑であり、判りにくくなっている。

　そのような中で本書は保育所法制度についての検討を行っていこうとしているが、筆者の基本的な視角は、次に示す児童福祉法24条1項にある。

　「市町村は、保護者の労働又は疾病その他の政令で定める基準に従い条例で定める事由により、その監護すべき乳児、幼児又は第39条第2項に規定する児童の保育に欠けるところがある

場合において、保護者から申込みがあったときは、それらの児童を保育所において保育しなければならない。ただし、付近に保育所がない等やむを得ない事由があるときは、その他の適切な保護をしなければならない。」

　この規定から明らかなように、保護者から申込み（保育所入所申請）があったときは、市町村は「保育に欠ける」状態にある乳幼児を保育所に入所させて保育しなければならない。市町村が入所申込みを拒否できるのは、ただし書きの申込み拒否事由に該当するときだけである。この場合も、市町村は保育所入所に代わる「適切な保護」をすることが義務づけられている。したがって、「保育に欠ける」子どもの保護者には保育所入所またはこれに代わる「適切な保護」を受ける（請求する）権利が認められている。

　この権利をどのようにして実現していくかが、筆者にとって最大の関心事であり、課題である。

I 市町村の保育所設置・整備義務

　周知のように、最近、各地で市町村の設置する保育所の廃止・「民営化」、あるいは「民間委託」が進められている。このような施策がとられる背景には、もはや市町村は自ら保育所を設置・経営する必要はないという考え方があるようである。しかし、以下に述べるように、現行法によれば、市町村には保育所を設置・整備する義務が課せられている。

1　地方自治体の「公の施設」設置義務

　地方自治体が設置する保育所は、地方自治法244条1項にいう「住民の福祉を増進する目的をもってその利用に供するための施設」、つまり「公の施設」に当たる。保育所の入所は「公の施設」の利用の一環である。

　「公の施設」を利用するためには、その前提として「公の施設」が存在して（設置されて）いなければならない。同項は、地方自治体は「公の施設」を「設けるものとする」と定め、「公の施設」設置義務を規定する（「……するものとする」という法文は

「……しなければならない」という意味である)。しかし、この規定により地方自治体は必ず「公の施設」を設置しなければならないと義務づけられているとは言えない。言い換えれば、この義務は法的義務とはいえず、努力義務の一種である（訓示的義務ともいう）。努力義務ではあるが、地方自治体には「公の施設」の設置義務が課せられているのである。つまり、地方自治体・市町村は自ら保育所を設置するよう努力しなければならないのである。

　地方自治法がなぜこのような義務を地方自治体・市町村に課しているのかについてつけ加えておこう。

　地方自治法1条の2第1項は「地方公共団体は、住民の福祉の増進を図ることを基本として、地域における行政を自主的かつ総合的に実施する役割を広く担うものとする」と規定する。また、同法2条1項は「普通地方公共団体は、地域における事務……を処理する」と規定する。このように地方自治体は、広く「地域における行政」あるいは「地域における事務」を処理する役割を担っている。地方自治法は、地方自治体がその役割・責務を果たすうえで「公の施設」の設置を重視しているということができる。

　以上のように、努力義務ではあるが地方自治体には「公の施設」設置義務が課せられているのであるから、少なくともその政策決定にあたって「公の施設」の設置に一定の優先性を与えることが要請される、と言わなければならないであろう。

2　市町村の保育所設置義務・整備義務

　「公の施設」にはいろいろなものがあるが、それらのなかで保育所という「公の施設」の設置に優先性が与えられていると言えるのであろうか。
　前述のように、保育所入所については児童福祉法24条がその権利を具体的に保障する。この権利は、保育所が設置されていること、あるいは、その定員が確保されていることを前提として成立する権利である。したがって、この権利は、保育所に入所させることを義務づけられている市町村による保育所（公立保育所）の設置・定員の確保を要請する。市町村がこの義務を履行しないとき、同条が保障する保育所入所の権利の実現は困難となる。このように考えれば、市町村は他の「公の施設」よりも保育所の設置を強く義務づけられており、優先順位が高いと言わなければならない。
　児童福祉法24条によれば、市町村は「保育に欠ける」子どもを同法上の保育所で保育しなければならない（保育の実施義務）。同法上の保育所とは同法に基づき設置された保育所であり、具体的には地方自治体が設置した公立保育所および地方自治体以外の者が設置した私立保育所（認可保育所）の双方である。公立保育所だけでなく、私立保育所を含めて全体として保育所が十

分に設置され、定員が確保されていれば、市町村は保育の実施義務を果たすことができる。したがって、市町村は、その区域内（周辺も含める）において私立保育所を必要なだけ確保しておかなければならない。この義務を市町村の保育所整備義務と呼ぶことにしたい。

　市町村は、この義務の履行のために、私立保育所の設置・整備状況を考慮しながら公立保育所を設置・整備することになる。

3　私立保育所の設置・整備についての市町村の役割

　私立保育所の設置・整備は、本来私人の責任においてなされるものであるが、市町村はそれについてどのような役割を果たすことが求められているのであろうか。

　私立保育所は都道府県の認可を得て設置されるが、厚生省児童家庭局長通知「保育所の設置認可等について」（2000年3月30日、児発295号）は、次のような認可の指針を示している。

　「地域の状況の把握
　都道府県及び市町村（特別区を含む。以下同じ。）は、保育所入所待機児童数をはじめとして、人口数、就学前児童数、就業構造等に係る数量的、地域的な現状及び動向、並びに延長保育等多様な保育サービスに対する需要などに係る地域の現状及び方向の分析を行うとともに、将来の保育需要の推計を

行うこと。

　都道府県知事においては、これらの分析及び推計（関係市町村が行ったものを含む。）を踏まえて、保育所設置認可申請への対応を検討すること。」

　この通達によれば、都道府県知事は、都道府県だけでなく市町村が行う保育所にかかわるさまざまな地域的な現状と動向等の分析、推計を踏まえて保育所の設置認可を行う。そして、認可行政の実務に即して言えば、保育所を設置しようとする者は、ただちに都道府県に設置認可申請を提出するのでなく、事前に市町村と協議し、その同意を得ることになっており、市町村の「認可相当」という意見を付して認可申請を行わないかぎり、都道府県知事は申請を認めないことになっている。このようにして市町村は、その区域内における私立保育所の設置について規制・調整を行っているのである。

　市町村がこの規制・調整を誤り、結果として保育所不足が生じたとすれば、保育所整備義務の不履行という問題が生じると言わなければならない。

　保育所整備義務を負う市町村は、常にその区域内の保育需要を把握・分析し、私立保育所の整備状況、その計画等を掌握しながら、全体的な保育所整備計画・方針を有していなければならない。社会福祉法は、2003年4月よりその107条で「市町村地域福祉計画」の策定を市町村に義務づけている。また、2003年の法改正（法律121号）で追加された児童福祉法56条の8（2005

年4月より施行)は、「保育の実施への需要が増大している市町村」、つまり待機児の生じている市町村は、保育計画(市町村保育計画)を定めるものとすると規定している。この計画の中に公私立保育所の整備が盛り込まれなければならないことは言うまでもない。

4 地方自治体による私立保育所設置・整備の促進策

　最近、私立保育所の設置を積極的に推進する政策をとる地方自治体は多い。このような地方自治体の動きはどのようにみられるのであろうか。

　私立保育所が設置・整備されれば、地域住民の福祉の向上に役立つということができるから、「住民の福祉の増進を図る」(地方自治法1条の2)ことを役割とする地方自治体がこれを支援することは、地方自治体の施策として承認されてよい。しかし、本来、私立保育所は国民の自律的・自発的な営みとして設置されるものであるから、地方自治体がこれを側面から援助することは認められてよいとしても、地方自治体の本来の任務を代替させるために私立保育所の設置・整備を図ろうとするのであれば、それは本末転倒である。

　前述のように、市町村には自ら保育所(公立保育所)を設置・整備する義務が課せられているのであり、この義務を否定ある

いは軽減するような私立保育所「支援」は許されないと言うほかない。

ところが、最近、地方自治体に私立保育所等の設置を積極的に行わせることを内容とする、児童福祉法改正が行われ（2001年法律135号）、56条の7が新設された。その第1項は次のとおりである。

> 「保育の実施への需要が増大している市町村は、公有財産……の貸付けその他の必要な措置を積極的に講ずることにより、社会福祉法人その他の多様な事業者の能力を活用した保育所の設置又は運営を促進し、保育の実施に係る供給を効率的かつ計画的に増大させるものとする。」

この条文は市町村の「保育の実施に係る供給」の増大義務（以下では「保育の供給の増大義務」という）を規定しているが、保育の供給を増大させる方法として、「公有財産の貸付け」などにより多様な民間事業者による保育所（つまり私立保育所）の設置・運営の促進を定めている。後者に関わって改正法案要綱は、「認可保育所整備促進のための公設民営方式の推進等の措置を講ずるものとする」と説明し、また、厚生労働省雇用均等・児童家庭局長通達（雇児発761号、2001年11月30日）も、「保育所整備促進のための公有財産貸付け等の推進」と説明している。

改正法56条の7第1項が、保育需要が増大している市町村の保育の供給の増大義務を規定したことは問題でない。問題は、

この条文が保育の供給を増大させる方法として、多様な民間事業者による保育所（私立保育所）の設置を市町村に積極的に推進させようとしていると読めるところにある。

　前述のように、児童福祉法24条から導き出される市町村の保育所整備義務とは、市町村が私立保育所の設置・整備状況を配慮しつつ自らが保育所（公立保育所）を設置・整備する義務である。改正条文は、この市町村の保育所整備義務について重大な変更を施そうとするものである。

　私立保育所は社会における国民の自律的な営みとして私人により設置されるものである。そのような私人の営みに対する地方自治体の支援・関与は側面的・消極的なものでなければならないことは前述した。しかし、このたびの改正条文は、地方自治体が積極的に私立保育所の設置・整備に関与することを求め、地方自治体による私立保育所の育成を行おうとしている。

　このような地方自治体の関与は、社会福祉事業を経営する者は、公私それぞれの責任を明確にしなければならないという原則（社会福祉法61条1項）をあいまいにするものであり、それが無原則的に行われるならば、私立保育所が地方自治体の代替組織または下請け組織と化するのは必然である。

　児童福祉法56条の7第1項には以上のような疑問・問題が含まれているのであり、市町村は同条の活用に慎重でなければならない。

Ⅱ 公立保育所の「民営化」
――「民営化」の3つの方式――

　公立保育所は設置者である地方自治体（市町村）が管理運営するのが原則である。ところが、最近、各地で公立保育所の「民営化」が進行している。

　公立保育所の「民営化」には3つの方式がある。
　(1)　第1の方式は、一般に「公設民営」と呼ばれているものである。これは、市町村が保育所の設置者でありながら、その管理運営（経営）を民間にゆだねる方式である。この方式には2とおりのやり方がある。その1つは管理委託方式であり（2003年改正以前の地方自治法244条の2第3項に基づく）、公立保育所の「民営化」の方式としては、これまでもっともポピュラーなものであった。他の1つは2001年3月30日の厚生労働省通達（後述）に基づく運営業務委託方式であり、株式会社などへの委託がなされることになった。
　(2)　管理委託方式は2003年の地方自治法改正により廃止され、代わって指定管理者方式が導入された。これが第2の方式である。
　(3)　第3の方式は、公立保育者を廃止し、それまでの敷地と

建物を民間に譲渡あるいは貸与して、新しく私立保育所が設置するものである。これは、公立保育所の「廃止・民営」化というべきものである。

これまで公立保育所の「民営化」と呼ばれているものには、以上の３つの方式がある。以下では、これらについて、順次検討する。

1 「公設民営」方式

(1) 旧地方自治法244条の２第３項による管理委託方式

2003年の地方自治法改正（法律81号）以前の同法244条の２第３項に基づく「公設民営」方式である。同項には、「普通地方公共団体は、公の施設の設置目的を効果的に達成するため必要があると認めるときは、条例の定めるところにより、その管理を普通地方公共団体が出資している法人……又は公共団体若しくは公共的団体に委託することができる。」と規定されていたので、①「公の施設の設置の目的を効果的に達成するために必要がある」とき（単に安上がりの経営を目指すというのはダメ）、②条例の定めるところにより（条例には委託条件、相手方、委託料などの委託の基本的事項を規定しなければならない）、③公共的な性格を有する団体を委託先として、公立保育所の管理運営を委託で

Ⅱ 公立保育所の「民営化」

きた。したがって、株式会社などの私企業を委託の相手方とすることはできず（従来社会福祉法人に限定されていた）、また、委託にあたっては条例の制定・改正が必要であった。

　地方自治法244条の2は2003年の同法改正により大幅に改正され、管理委託方式は廃止された。それまでこの方式により管理委託されていた公立保育所については、2006年9月までに第2の方式の指定管理者方式（本章2参照）に移行しなければならないことになっている（改正法附則2条）。したがって、この方式による「公設民営」保育所は2006年9月までになくなることになる。

(2) 厚生労働省の通達による運営業務委託方式

　2001年3月30日、厚生労働省雇用均等・児童家庭局保育課長は「地方公共団体が設置する保育所に係る委託について」という通達（雇児保10号）を出し、公立保育所の運営業務を株式会社などに委託できるという新見解を示した。

　「地方公共団体が設置する保育所の運営業務（施設の維持・保存、利用者へのサービス提供等）については、『規制緩和推進3か年計画』（2001年3月30日閣議決定）のとおり、事実上の行為として、地方自治法第244条の2第3項の適用はなく、同項に規定する公の施設の管理受託者の要件を満たさない民間事業者にも当該業務を委託することは可能である。即ち、保

育所の運営業務の委託先主体は、公共団体（一部事務組合等）、公共的団体（社会福祉法人、農業協同組合、生活協同組合等）又は普通地方公共団体が出資している法人で政令で定めるもの（地方自治法施行令第173条の3、地方自治法施行規則第17条）に限られず、これら以外の民間主体（NPO、株式会社等）への委託も可能である。」

公立保育所の運営業務は旧地方自治法244条の2第3項に基づかずに他の者に委託できる、これがこの通達の言っていることである。この通達によれば、公立保育所を「公設民営」化するとき、条例の制定・改正は不要であり、また、委託の相手方の限定はなく、誰でもかまわない。したがって、この通達は旧地方自治法244条の2第3項の従来の解釈を変更したことを意味する。

この通達に従って、条例を制定せずに、また、「公共的団体」でない者（株式会社）に公立保育所を委託する市町村がすでに現れている。東京都三鷹市は、条例に委託に関する事項を規定せずに2001年4月に新設の市立保育所の管理運営を株式会社に委託した。また、東京都文京区も2002年8月に新設の区立保育所の管理運営を株式会社に委託した。同区では、委託について区議会で一定の議論が行われ、区当局は、当初、委託先を条例で明記することを考えていたようである。しかし、最終的に成立した「文京区保育所条例の一部を改正する条例」には新設の

区立保育所の委託に関する条項は含まれていない。したがって、結局は同区も、旧地方自治法244条の2第3項を適用せずに区立保育所の管理運営を株式会社に委託したのである。

(3) 法改正にひとしい新通達とその問題点

従来、公立保育所や公立の社会福祉施設の管理運営の委託を、条例を制定・改正せずに行ったり、株式会社などを委託の相手方にすることは違法であると考えられ、筆者の知るかぎり例外なくすべての地方自治体がこの理解を採用していた。ところが、新通達によれば、長年のあいだ違法とされてきたことが、今後は何ら問題ない、適法であるというのであるから、この通達は新法の制定または法改正にひとしいものであると言わなければならない。換言すれば、本来は法律を改正して行うべきことを、一片の通達で行ってしまったのである。非常に強引な行政手法であると言うほかない。

新通達の問題点をさぐってみよう。

「保育所の運営業務（施設の維持・保存、利用者へのサービス提供等）については、事実上の行為」であるから、地方自治法244条の2第3項の適用はない、新通達の論拠が示されていると思われるくだりはこの部分だけである。これは何を意味するのであろうか。

これまでにも、「公の施設」の建物の維持修繕、夜警、清掃など公有財産の管理行為（「財産管理的事実行為」などと言われるこ

とがある)については、旧地方自治法244条の2第3項に基づいて委託する必要はないとされ、実際にも私企業等に委託されていた。これを法的にどのように説明していたのかを示すものとして、旧自治省サイドの見解とみられる次のような説明がある（月刊『地方自治』1981年1月号別冊付録『地方自治関係実務問答集第1集』254頁）。

「（公の施設の）"管理"といっても、行政の一端として、本来の目的に従い公の施設を運営するということから、単に施設の物理的効用の安全その他の維持を図るという意味まで含んでおり、後者については、地方自治法は必ずしも私人への委託を禁じているとはいいきれません。地方公共団体が"私人"としてその管理を、別の私人に委託しているとみなすことが可能だからです。事実、夜の警備等を警備保障会社に委託している団体も見受けることがあります。」（傍点原文）

この見解は、「公の施設」の「管理」について、「公の施設」本来の目的を達成するための管理と、単なる財産の管理とを区別し、後者の委託には旧地方自治法244条の2第3項は適用されないとするものである。

新通達は、後者の財産管理を無限定に拡大して、「公の施設」の「利用者へのサービス提供」という「公の施設」本来の目的を達成する行為までもこれに含めようとするものであるということができる。また、後者は財産管理的事実行為と言われるこ

Ⅱ 公立保育所の「民営化」

とがあるが(「事実行為」とは法的効果を伴わない行為をいう)、新通達は「利用者へのサービス提供」それ自体は法的効果を伴わない事実行為であるから、後者に含めることができるとしているともいえよう。

いずれにせよ、このような論法が通用するとすれば、一般に「公の施設」のサービス提供は財産管理的行為となり、その委託について旧地方自治法244条の2第3項は適用されないことになる。

2003年に地方自治法244条の2は改正されて「公の施設」の管理委託方式は廃止され、代わって改正後の同条に基づく指定管理者方式になっているが、厚生労働省によれば、現在も新通達は有効であり、したがって、指定管理者方式によらず、運営業務委託方式による公立保育所の「民間委託」は可能であるという。このような同省の法解釈と運用が是認されるとすれば、地方自治法244条の2という条文は事実上死文化してしまう。

(4) 地方自治体独自の法解釈を

この段階でわれわれに求められていることは、あくまでも新通達は違法であるという立場にたち、新通達に従って公立保育所の管理運営を委託しようとする市町村当局と対抗することである。

新通達自身が断っているように、この通達は中央省庁が地方自治体に示した「技術的な助言」(地方自治法245条の4第1項)で

しかない。それは法令について厚生労働省が示した1つの法解釈でしかなく、地方自治体に対して法的拘束力を有するものではない。市町村は、違法と思われるこのような法解釈に同調せずに、地方自治の立場にたって独自に法律の解釈運用を行うことが求められている（地方自治の原理から、地方自治体に独自の法解釈の権限が認められることは明らかである）。

2　指定管理者方式

(1)　指定管理者方式の導入

2003年6月の地方自治法改正（法律81号。同年9月施行）により、同法の公の施設の管理について、管理委託方式が廃止され、新たに指定管理者方式が規定された。これにより、これまでの管理者委託方式により民間委託されていた公立保育所は、順次、指定管理者方式に切り替えられていくことになる。新方式への移行は改正法施行後3年以内に行わなければならないことになっているから、最終的には2006年9月までに実施しなければならない。

　指定管理者方式の根拠条文である改正地方自治法244条の2第3項は次のとおりである。

Ⅱ 公立保育所の「民営化」

「普通地方公共団体は、公の施設の設置の目的を効果的に達成するため必要があと認めるときは、条例の定めるところにより、法人その他の団体にあって当該普通地方公共団体が指定するもの（以下……「指定管理者」という。）に、当該公の施設の管理を行わせることができる。」

この方式によれば、管理委託方式とは異なり、指定先は団体であれば誰でもよく、株式会社などの営利企業も指定を受けることができる。これが、この条項を改正した理由である。

指定の手続きなどは、これまでの管理委託方式よりも厳格になった。たとえば、指定管理者（要するに地方自治体に代わって公立保育所などの公の施設の管理を行うもの）の指定の手続き、指定管理者が行う管理の基準と業務の範囲その他必要な事項は条例に定められていなければならない。指定の期間や指定先などもあらかじめ議会の決議を経なければならない。

(2) 指定管理者方式と運営業務委託方式の並存

厚生労働省は、2003年8月29日に雇用均等・児童家庭局総務課長、社会・援護局保護課長、同障害保健福祉部企画課長、老健局計画課長連名通達「社会福祉施設における指定管理者制度の活用について」を発し、「社会福祉施設にあって、地方公共団体が設置するものについても、個別法による制約のない範囲において指定管理者制度を活用してその管理を指定管理者に行

わせることができることとなった」との見解を明らかにした。東京都中野区や江東区などでは、さっそく「保育所条例」を改正し、区立保育所に指定管理者方式を採用できるようにした。

　しかし、厚生労働省は、指定管理者制度の導入後も2001年3月30日通達は有効であるという態度をとっている。その結果、公立保育所については、運営業務委託方式と指定管理者方式による管理の2つの方式が並存することになった。

(3)　2つの方式の比較

　まず、指定管理者方式と運営業務委託方式の同じところを整理しておく。

　第1に、両方式ともに、株式会社など営利企業であっても公立保育所の管理を「ゆだねる」ことができる（どちらの方式でも、営利企業などには「ゆだねない」とすることは可能である）。

　第2に、指定管理者方式では、本来、指定管理者に行わせる管理業務の範囲に制限はないが（条例により制限を行うことができる）、公立保育所の管理を行わせるときには児童福祉法の制約があり、保育所入所決定や保育料徴収は同法24条1項や56条3項により市町村の事務となっているため、これらの事務を指定管理者に行わせることはできない（厚生労働省はこの旨を明示する。2004年3月1日同省雇用均等・児童家庭局「全国児童福祉主観課長会議資料」『保育情報』329号53頁。なお、市町村の中には保育料徴収を指定管理者に行わせ、これを指定管理者の収入とする条例を定めているもの

Ⅱ 公立保育所の「民営化」

があるが、違法であろう)。運営業務委託方式においても、これらな事務を委託できない。したがって、両制度ともに、「ゆだねる」ことができる業務の範囲はほとんど変わりない。

次に、違いを整理しよう。

第1に、指定管理者方式では、指定の手続、管理の基準と業務の範囲などを条例に定めておくとともに、指定期間や指定先は議会の議決が必要であるが、運営業務委託方式では、条例の制定や議会の議決は不要である。

第2に、指定管理者方式では、指定先は団体でなければならないが、運営業務委託方式には、そのような制約はない（同省は、従来、私立保育所の設置者を社会福祉法人に限定していたが、2000年3月30日、児発295号、厚生省児童家庭局長通知「保育所の設置認可等について」でこの限定を廃止した。その結果、私立保育所の設置者は団体である必要もない)。

第3に、指定管理者方式では、地方自治体は指定先に対する監督権限（改正後の地方自治法244条の2第7項・10項・11項）を有するが、運営業務委託方式にはこの種の監督権限は規定されていない。

どちらの方式も、公立保育所の管理を営利企業などに行わせ、あるいは、その運営業務を委託することができ、大差ないものであるということができるが、くわしく見てみると、運営業務委託制度には、地方自治体の議会の関与と監督制度を欠くという「特徴」があるということができる。

(4) あらためて市町村の保育所設置・整備義務、公立保育所の直営原則の確認を

　運営業務委託方式も指定管理者方式も、行政の規制緩和、民営化政策のなかで導入・実施されたものであり、保育に対する行政責任を後退させるものとして、厳しく批判されなければならない。どちらの制度・方式がよりましか、というのではなく、これらの制度を地方自治体に「活用」させないことを求める取り組みが求められている。

　そのためには、公立保育所を設置する市町村に保育所設置・整備義務（第Ⅰ章参照）を正しく認識させることが必要である。それと同時に、保育要求運動を行う人たちがこのような市町村義務および公立保育所の直営原則について理解を深めることが不可欠である。保育所設置・整備についての市町村責任および公立保育所の直営原則が忘れられてしまったところでは、公立保育所の運営業務方式や指定管理者方式の問題性を鮮明にすることはできないであろう。

3 公立保育所の「廃止・民営」化

(1) 公立保育所の設置義務違反の廃止

　条例によって設置された「公の施設」は、条例によって廃止される。公立保育所の設置と廃止も同様である。「公の施設」が不用になっていないにもかかわらず、これを廃止することの当否はどうであろうか。「公の施設」の設置について地方自治体が努力義務を負っていることは第Ⅰ章で述べた。不用と言えない「公の施設」の廃止は、この努力義務違反である。

　公立保育所が不用になっていないにもかかわらず、これを廃止し、その建物と土地を貸し付け、あるいは譲渡して私立保育所を設置させる政策が少なからざる市町村で採用されているが、これは、同様にこの努力義務違反であり、地方自治体本来のあり方でない。

(2) 在園児がいる公立保育所の廃止

　在園児がいるにもかかわらず、公立保育所を廃止してしまうことが容易に行われている。このような廃止は、当該保育所で保育を受ける権利を侵害する疑いが強い。その理由を次に述べよう。

1997年の児童福祉法改正（1998年4月施行）により、保護者は保育所を自ら選択できることになった（保育所選択権。児童福祉法24条2項）。つまり、保護者は選択した保育所で保育を受ける権利を有するのである。また、この法改正に伴い保育所入所の事務処理が改革され、それまで入所措置期間は一律に6ヶ月とされていたが、1998年4月以降、「保育の実施」期間は原則として小学校就学の始期までとされることになった。したがって、小学校就学始期まで、選択した保育所で保育を受けることが保護者の権利として保障されているのであり、このような権利を侵害するような保育所の廃止は、公立・私立を問わず違法と言うほかない。

　在学中の学生生徒がいる間は学校を廃止できないという考え方は、すでに大学や高校の廃止の場合、常識化している。しかし、保育所の場合、従来、入所措置期間が6ヶ月という短期間であったため、実際的にみてこのような考え方の有効性はほとんど認めようがなかった。しかし、97年児童福祉法改正後は、法律の規定と行政実務が変わっていることに注意しなければならない。

　「保育の実施」期間中に当該保育所が廃止されても、別の保育所への入所が保障されれば問題ないのではないか、という考え方があるかも知れない。しかし、これでは97年児童福祉法改正で保障された保育所選択権は画餅に帰してしまう。

(3) 「廃止、民営」化を争う裁判

　現在、大阪府の3つの公立保育所（高石市立東羽衣保育所・2002年4月1日廃止、大東市立上三箇保育所・2003年4月1日廃止および枚方市立宇山保育所・2004年4月1日廃止）および横浜市の4公立保育所（丸山台保育園、鶴ヶ峰保育園、岸根保育園、柿の木台保育園。いずれも2004年4月1日廃止）の廃止が、裁判で争われている。いずれの市でも、在園児の親の反対を押し切って条例改正が行われ、翌年4月1日に各市立保育所が廃止された。それと同時に、同じ敷地と建物を使用して新しく私立保育所が設置された。

　そこで、これら3つの保育所の園児の親たちは、このような条例の改正により在園している私立保育所から一方的に退園（退所）させられることになるのは違法であるとして、地方裁判所に対して、条例による市立保育所廃止処分の取消しを求める訴えを提起するとともに、あわせてその効力の停止（執行停止）を申し立てた。

　その理由は、次のようである。

　①　保護者の保育所選択権（特定の保育所で就学まで保育を受ける権利）の侵害

　児童福祉法24条によれば、「保育に欠ける」子どもの保護者は、特定の保育所を選択して入所申込みを行い（1項・2項）、市町村はその保育所について入所決定を行い、保護者に対して「保育所入所承諾書」を送っているが、この承諾書には、入所

保育所名ともに「保育の実施期間」が各子どもの小学校就学までと記入されている。したがって、入所した子どもは、選択した保育所において就学まで保育を受ける権利を有するのであり、これを侵害する保育所廃止は違法である。
　②　児童福祉法33条の4には、市町村長や福祉事務所長は「保育の実施」を解除する場合には、あらかじめ保護者に対してその理由を説明するとともに、意見を聴かなければならないと定められているが、そのような手続きがとられないまま各保育所から退園させられたのは手続き的に違法である。

　いずれの裁判でも、既に執行停止申立ては退けられている。その理由は、行政事件訴訟法25条2項に定められている「回復困難な損害」は必ずしも発生してないということである。また、大阪地裁は、高石市立東羽衣保育所について、2004年5月12日に請求を棄却する判決を出した。この判決は、保護者の保育所選択権を承認しているが、公の施設、公立保育所の廃止については市側の「広範な裁量に委ねられている」という考え方を持ち出し、その裁量権の行使に濫用（違法）はないとして、保護者側の請求を退けている。また、特定の保育所から他の保育所に転園する場合などは「保育の実施」の解除に当たらないとして、手続的な違法はないとした。
　この決定は、保育所廃止を決めた条例改正を裁判で争うことの適法性を認めた点では有意義であるが、東羽衣保育所で就学

Ⅱ　公立保育所の「民営化」

まで保育を受けることができる権利があることを認めながら、この権利よりも保育所廃止についての高石市側の裁量権が優先されるとしており、疑問である。同じような場合、たとえば公立高校や国公立大学の学部を廃止する場合、在学生が卒業するまでその学校・学部を存続させ、在学生がゼロになったことを確認して廃止の手続きをとるのは常識になっているからである。保育所の廃止の場合は、他の保育所があるからすぐに廃止しても構わないとされるのであれば、保育所選択権は絵に描いたもちになってしまう。

Ⅲ　無認可（認可外）保育施設

1　無認可保育施設に対する規制の強化

　世は今や規制緩和である。ところが、無認可保育施設については、2001年11月の児童福祉法の改正（法律135号）により、時代の趨勢に逆行するかのように規制強化が行われた。

(1)　従来の規制——立入調査権と事業停止・施設閉鎖命令権

　改正前の児童福祉法では、認可を得ずに児童福祉施設に類似した事業を行う施設（無認可保育施設だけではない）を規制する都道府県知事の権限が規定されていた。その1つは無認可施設から報告を求め、または、立入調査を行う権限であり（改正前の59条1項）、もう1つは、事業停止・施設閉鎖を命令する権限である（同前3項）。また、厚生省は通達で無認可保育施設に対する指導基準を示していた。こうして、無認可保育施設に対する監督行政・規制行政が行われていた。

　改正前、無認可保育施設のサービス提供等の事業活動に対す

る法的規制はなされていない。言い換えれば、法的には無認可保育施設は自由に事業を行うことができた。指導基準による「規制」は、法的根拠のない行政指導によるものであった。

この監督・規制行政は必ずしも徹底して行われたとは言えず、また、何よりも慢性的な保育所不足状態の中で、保育所にわが子を入所させることができなかった親は、無認可保育施設を利用するほかなかったため、無認可保育施設は増加の一途をたどり、利用者が増大した。そのような中で、近年、子どもの虐待や死亡事故が頻発するに及び、無認可保育施設に対する規制の強化が叫ばれるようになった。

(2) 規制強化の2001年児童福祉法改正

2001年の児童福祉法改正では、次のような規制強化が規定された。

第1は、無認可保育施設だけでなく、広く認可を得ずに児童福祉施設類似の事業を行う施設の設置者に対する都道府県知事の改善勧告の権限の新設である（59条3項・4項）。

第2は、無認可保育施設の都道府県知事への届出義務の新設である（59条の2）。無認可保育施設は届出もせずに安易に開設でき、事実上野放し状態になっているとの批判を受けての改正である。この義務に違反すると50万円以下の過料（刑罰ではない）に処せられる（62条の2）。

第3は、無認可保育施設のサービス提供に関する規制の新設

である。具体的には、①無認可保育施設の設置者の氏名、建物などの規模・構造などの掲示義務（59条の2の2）、②設置者のサービス利用契約の内容などの説明義務（59条の2の3）、③サービス利用契約が成立したときの書面交付義務（59条の2の4）である（以上の義務の違反に対する罰則はない）。これらは、宅地建物取引業法が取引き相手の保護のために宅建業者に課している義務によく似ている。

第1と第2は、頻発する無認可保育施設の問題事象に効果的に対応するために、都道府県知事に与えられている監督・規制権限を強化したものである。

第3の①②③は、直接には無認可保育施設と利用者の間の法的な関係を規制するものであり（ひいては監督事項になる）、無認可保育施設で提供されるサービスをより良質のものにすることをねらった改正である。無認可保育施設のサービス提供そのものに関する法的規制は、このたびの児童福祉法改正により初めて規定された。

以上のように、都道府県知事の無認可保育施設に対する監督・規制の権限は拡大・強化された。

(3) 無認可保育施設に対する監督・規制権限の強化がもたらすもの

ある事業に対して法令による規制がなされている場合、これをクリアすればそれは適法なものであると評価される。これと

同様のことが児童福祉法による無認可保育施設に対する規制についても言える。そして、強化された無認可保育施設に対する監督・規制をクリアした無認可保育施設は、適法性をより強くアピールすることができる。このたびの児童福祉法改正による無認可保育施設に対する監督・規制の強化は、このような法的意味をもっていることに注意しておかなければならない。

児童福祉法による無認可保育施設に対する規制が整備・強化されるにつれて、同法は、一方では保育所保育という児童福祉サービスの提供・利用に関する法（給付法。サービス提供に伴って必要となる規制も規定する）であり、他方では無認可保育施設という保育所類似のサービスを提供する施設・事業を規制する法律であるという、2つの性格を有することになった。

2　無認可（認可外）保育施設の「活用」

最近、待機児の解消、多様な保育要求に応えるなどの理由から、にわかに無認可保育施設の「活用」に関心が寄せられている。

(1)　児童福祉法24条1項ただし書の「適切な保護」

待機児とは、児童福祉法24条1項の保育所の要件に該当しているにもかかわらず、保育所不足等のため入所決定待ちの状態

におかれている子どものことである。待機児の解消は保育所を整備して行うのが本すじである。

　保育所が不足しているからといって子どもを放置するわけにいかない。そこで、児童福祉法24条1項ただし書は、「付近に保育所がない等やむを得ない事由があるときは、その他の適切な保護をしなければならない」と定め、市町村に保育所入所要件に該当している子どもについて保育所入所に代わる適切な保護を行わせて、待機児となることを防止しようとしている（適切な保護を行うことが市町村に義務づけられている）。市町村が子どもに適切な保護を行おうとすれば、保育所以外の保育施設、つまり無認可保育施設が必要となる。このような無認可保育施設の「活用」は、児童福祉法の求めているところである（本章三参照）。

(2) 東京都の「認証保育所」という無認可保育施設

　東京都は、2001年5月、「東京都認証保育所事業実施要綱」（以下では「要綱」という）を定め、東京都独自の「認証保育所」制度をスタートさせた。この認証保育所は、児童福祉法35条4項による認可を受けていない保育施設で東京都が要綱に基づき認証したものをいう。したがって、それは無認可保育施設である。

　要綱によれば、認証保育所は「保育に欠ける」子どもを保育する施設とはされていない。この制度が待機児の解消を目的と

するものではないことは、東京都の当局者が公言している。もちろん、児童福祉法24条１項ただし書とは関係づけられていない。そのような認証保育所制度は児童福祉法の求めるものとは異なる。

認証保育所は同法に基づく保育所に類似し、その利用者は実際上競合するとみられる。東京都はそのような認証保育所を普及させ、部分的にせよ、やがて児童福祉法に基づく保育所に取って代わるものになることを期待しているとみられる。地方自治体は地方自治権を保障されているから、国の法律に違反しなければ独自の制度をつくることは認められている。しかし、認証保育所制度は児童福祉法の保育所制度を事実上蚕食するものであり、強く批判されるべきであると考える。

なお、東京都は美濃部革新知事時代に創設した「区市町村の保育室運営事業に対する都費補助要綱」に基づく保育室（無認可保育施設）制度を今なお保持し、「児童福祉法24条１項ただし書に基づく保護を行う区市町村が実施する保育室運営事業」に対して補助金を交付している。同じ東京都が行う無認可保育施設事業でありながら、認証保育所事業と保育室事業とは、よって立つ法的根拠がまったく異なることに注意する必要がある。

(3) 無認可保育施設は「多様な保育サービス」提供資源か

2001年３月、神奈川県児童福祉審議会は「子どもたちのよりよい保育をめざして――認可外保育施設のあり方について」と

題する答申を発表した。この答申は、無認可保育施設による「乳幼児を預かるサービス」を「子育ての環境に多様性をもたらし」積極的な評価に値する、無認可保育施設を「地域の保育資源としての活用を視野に入れて、取組を進めていく」などと述べている（同じ趣旨のことは、2001年12月の総合規制改革会議第1次答申などの政府関係の文書も述べている）。

無認可保育施設の存在と役割を積極的に評価するこの答申は、無認可保育施設問題の解決に大きな力となりそうであるが、その最大の問題は、市町村が児童福祉法24条1項ただし書に基づく義務を誠実に履行するために無認可保育施設を活用するという視点が欠落していることである。この児童福祉法の要請を没却して、安易に無認可保育施設を「子育ての環境に多様性をもたらす」「地域の保育資源」などと位置づけ、その活用を図るとすれば、児童福祉法の定める保育所制度は法的根拠のないものによって侵食されていくことになってしまう。

3　保育所に代わる適切な保護
──無認可保育施設の利用

(1)「待機児」は違法

前述したが、児童福祉法24条1項によれば、市町村は「保育

に欠ける」子どもを保育所に入所させなければならないのであり、「付近に保育所がない等やむを得ない事由」があるときは、保育所入所に代わる「適切な保護」をしなければならない。「保育に欠ける」子どもから保育所入所申込みが適法になされているのに、市町村が保育所入所または適切な保護のいずれの決定もしないのは違法である。別の言い方をすれば、いずれの決定もせず（もちろん申込み却下決定もせず）、入所の順番待ちを意味する「待機児」「保留児」とするのは違法である（念のために言えば、適切な保護を行ったうえで、なお保育所入所決定待ちであることを意味する言葉として「待機児」「保留児」を使うのであれば、問題ない）。なお、「保育に欠ける」子どもからの入所申込みを却下することは、もちろん違法である（厚生労働省の「待機児童」の定義の問題点については、本章4で述べる）。

　保育所が足りないのに、「待機児は違法」などと言うのは非常識であると考える向きがあるかも知れない。筆者は、保育所が足りなくても保育所に入所させよなどと言っているのではなく、この場合は「適切な保護」を行うことを児童福祉法24条1項は要求していると言っているのである。

　以上のことは、最近の大阪地裁判決（2002年6月28日、『賃金と社会保障』1327号53頁・『保育情報』309号28頁）も説示しているので、紹介しておく。「市町村は、児童の保育に欠けるところがあると認めるときは、『やむを得ない事由』がない限り、当該児童を保育所に入所させて保育する措置を採る義務があるのであり、

Ⅲ　無認可（認可外）保育施設

『やむを得ない事由』がないにもかかわらず、保育所に入所させることなく保留処分を行った場合には、当該保留処分は違法であると解するのが相当である。」「市町村が、保育に欠ける児童につき保育所に入所させて保育する措置を採らなかったうえ、『その他適切な保護』を加えなかった場合には、かかる市町村の不作為は法24条ただし書に反し違法であると解するのが相当である。」（同趣旨の見解は、さいたま地裁2004年1月28日判決『賃金と社会保障』1365号48頁も示している）

(2) 「適切な保護」とは

保育所入所に代わる「適切な保護」とはどのようなものを言うのであろうか。

厚生省児童家庭局編『改訂児童福祉法・母子及び福祉寡婦法・母子保健法・精神薄弱者福祉法の解説』（時事通信社、1991年）は、「適切な保護としては、昼間、里親や隣人への委託等が考えられるが」、季節保育所およびへき地保育所も児童福祉法にいう保育所とはされていないので、「適切な措置」に該当すると述べる（162頁）。

厚生省の従前の「適切な保護」についての理解はこのようなものであったが、本書の事実上の改訂版で1997年の児童福祉法改正の後に出版された児童福祉法規研究会編『最新児童福祉法・母子及び寡婦福祉法・母子保健法』（時事通信社、1999年）はやや説明を変更し、「適切な保護」の内容をあいまいにした。

これを紹介しよう。

「『適切な保護』の具体的な例としては……へき地保育所や季節保育所のほか、家庭内保育（いわゆる『保育ママ』）による対応や、『適切な保護』にふさわしい一定の質が確保された認可外保育施設に対するあっせん等を行うことも該当しうるものである。上記に示した認可外保育施設についての情報提供もこの一部にあたると考えられる」(180頁)。

筆者は、「あっせん」や「情報提供」だけでは到底「保護」にあたらないと考えるが、厚生省・厚生労働省は市町村に「適切な保護」を行う義務があることを承知した上で、その中身をあいまい化しようとしている、と言うことができる。

(3) 「適切な保護」に関する2つの判例

前記の大阪地裁判決とさいたま地裁は判決は、「適切な保護」について、次のように述べている。

「『適切な保護』とは、保育に欠ける児童らの保育状況を改善するために加えられるものであるから、保育に欠ける児童保育状況を改善することに資する措置を行うことをさすと解される」（大阪地裁）

「どのような措置が法24条1項ただし書にいう『その他の適切な保護』に当たるかについては、当該児童のおかれた状況、保護者以外の近親者や家庭内保育（いわゆる保育ママ）又

Ⅲ　無認可（認可外）保育施設

は一定の質が確保された認可外保育施設へのあっせん、情報の提供等諸般の事情を考慮して決しなければならないが、いずれにせよ市町村としては、保育に欠ける児童でありながら保育所入所を拒否した場合には、漫然とこれを放置することは許されず、保育所に入所することができなかった児童についてそれなりの保育状況の改善に資する措置を講じなければならないと解せられる。」(さいたま地裁)

両判決ともに、要するに「保育状況の改善に資する措置」が行われれば、「適切な保護」がなされたと言えるといっている。つまり、「適切な保護」とは「保育状況の改善」を意味するとするが、問題はどのように（あるいはどの程度）「保育状況の改善」が図られればよいかである。

大阪地裁は、子どもたちが入所した無認可保育施設（簡易保育施設）に対して自治体の補助金が支出されていたことをもって、「適切な保護」が行われていると判断した。

さいたま地裁は、子どもが通園する公立の心身障害児母子通園施設は保育に欠ける子どもの保育を目的としたものでなく、時間は週4、5日、午後3時までで夏休み、冬休み、春休みの休園期間があり、「保育に欠ける状態の十分な代替的措置とまでは評価することはできない」などと判断し、市には「代替的保護義務違反に伴い生じた原告らの精神的損害に対し賠償する義務がある」とした。

さいたま地裁判決は、市町村の児童福祉法24条1項ただし書に基づく「適切な保護」義務違反を認め、損害賠償を命じた初めての判決であり、意義あるものである。

(4) 「適切な保護」を行う主体——市町村

児童福祉法24条1項の法文からみて、「適切な保護」は市町村が行うものである。市町村が直接に保護にあたることができないとき、民間に委託してこれを行うことがあり得るのは保育所入所の場合と同様である。

市町村の無認可保育施設への補助金交付は、直ちに「適切な保護」には当たらない。なぜならば、それは民間で行われる事業を支援するだけであり、市町村が保護を行う主体でないからである。筆者は、市町村が民間（無認可保育施設）に保護を委託することでなければならないと考えている。したがって、前記の大阪地裁判決の結論は適切でない。

4 「待機児童」の厚生労働省定義の問題点

厚生省・厚生労働省は1999年3月5日付けの保育課長通知（児保8号）、2002年1月31日付けの同課長通知（雇児保0131001号）で「待機児童」の定義を示してきたが、2003年改正の児童福祉法56条の8（2005年4月施行）に規定された市町村保育計画に関

Ⅲ　無認可（認可外）保育施設

わらせて改めて定義を示した（2003年8月22日雇用均等・児童家庭局長通知「児童福祉法に基づく市町村保育計画等について」雇児発0822008号）。これによれば、「待機児童」とは、改正された（2003年省令130号）児童福祉法施行規則40条（2005年4月施行）にいう「保育の実施の申込みを行つた保護者の当該申込みに係る児童であつて保育の実施が行われていないもの」で、①家庭的保育事業その他市町村が必要と認めるものを利用している児童、および②保護者が入所を希望する保育所以外の保育所に入所することができる児童、に該当しない者をいう。

　①は児童福祉法24条1項ただし書を踏まえた説明ではないから、この定義も同法に基づいたものではない。これが、この定義の最大の問題点である（厚生労働省は、①はただし書に基づいたものであるか否か説明すべきである）。また、①について、この通達は、「地域の保育需要に対応するために地方公共団体が実施している単独施策を利用している児童」と説明するが、地方自治体が行う単独施策はピンからキリまであり、その内容の適切性を判断せずに、単独施策を利用している者はすべて「待機児童」に該当しないというのは暴論である。さらに、かりに市町村が行う児童福祉法24条1項ただし書の「適切な保護」を受けているとしても、その子どもはなお同項本文の「保育の実施」を請求する権利を有していると考えるべきであるから、①の子どもは依然として「待機児童」である。

　②については、1997年の児童福祉法改正の際にもっとも強調

された保護者の保育所選択権が無視されているという問題点を指摘しなければならない。希望した保育所に何らかの理由により入所できず、やむなく他の保育所に入所したとした場合、それはいわば緊急避難的な入所であり、保護者はもともと希望した保育所への入所を請求する権利をなおも有すると考えなければ、保育所選択権は画餅に帰してしまう。したがって、真摯に他の保育所への「転所・転園」を希望する場合は、「待機児童」として取り扱うべきである。

Ⅳ　保育所の定員超過入所

1　「制度化」された定員超過入所

　最近、各地の公私立保育所で定員を大幅に超えて子どもを入所させているため、保育室のスペースがなくなり、昼寝のための子ども用の布団を重ね合わせて敷くなど、保育所の狭隘化が進み、また、保育士は臨時採用にせざるを得ないため短時間勤務の者が増え、相互の連携がとりにくくなっている、などと言われている。

　このような「定員超過入所」は、一昔前ならば、いわゆる私的契約児をこっそり入所させる「もうけ主義」の私立保育所でみられる現象と決まっていたのであるが、今は後述のように厚生労働省がこれを通達により指示し、市町村は堂々と行っている。したがって、それはもはや「制度化」されたといってよい。

2　定員超過は違法——かつての厚生省通達

かつて厚生省児童家庭局長は、通達（1969年12月27日児発809号「保育所の入所措置及び運営管理の適正化」）で次のように指示していた。

「保育所の定員超過の事例がとくに大都市の一部等においてみられるところであるが、このことは単に児童福祉施設最低基準に違反するのみならず、児童の福祉を阻害するものであり許されないものである。」

「現に定員を超過している保育所については……すみやかに定員超過の解消をはかること。」

要するに、定員超過入所は児童福祉施設最低基準（以下では「最低基準」という）に違反した違法な保育所運営だから行ってはならない、早急に解消せよ、と言っているのである。同省は1977年にも、同趣旨の通達を出している（児発785）。

3　定員超過入所容認の経過

その後、厚生省は定員超過入所は違法という立場をなしくず

Ⅳ　保育所の定員超過入所

しに崩していく。その経過をたどっておこう。

①　1982年8月24日の児童家庭局長通知（児発714号）、児童家庭局母子福祉課長通知（児福22号）。この通達で厚生省は初めて定員超過入所を認めた。

この通達は、前年の児童福祉法改正による無認可施設に対する都道府県知事・厚生大臣の立入調査権の新設につづき、いわゆるベビーホテル対策として出されたもので、「あくまでも緊急に入所する必要のある児童についての特別措置であ」り、「年度の途中において母親の産休期間の満了、保護者の死亡又は疾病等のため緊急に入所措置が必要となった児童」を対象とし、原則としておおむね認可定員の5％、やむを得ない事情がある場合その10％まで定員を超えて入所させることができるとした。定員超過入所は「年度途中入所」の名称で、緊急の場合の特別措置という限定のもとで導入された（「年度途中」とは4月2日以後を意味する。以下同じ）。

②　1992年3月5日の児童家庭局長通知（児発169号）、児童家庭局母子福祉課長通知（児福6号）。この通達は①の改訂通達であり、同年4月からの育児休業法施行にあわせて、「保護者の育児休業の終了」の場合も特例措置に含め、また、定員超過入所の数は原則10％、育児休業後は15％まで認めることとした。

③　1996年3月27日の児童家庭局長通知（児発275号）、児童家庭局保育課長通知（児保7号）。この通達も①の改訂通達であり、それまでの緊急の場合の特例措置という限定をはずし、

「理由を問わず、年度途中に定員を超えて入所措置を行っても差し支えない」とした。

　以上は「年度途中入所」時代の通達である。

　④　現行の1998年2月13日の児童家庭局長通知（児発73号）、児童家庭局保育課長通知（児保3号）。この通達は①を廃止し、新しく出されたもので、「年度途中」という限定をはずし、年度当初より定員超過入所を認めることとする（したがって、「年度途中入所」に代えて「入所円滑化」という文言が使われている）。その数は年度当初10％まで、年度途中15％まで、年度途中の育児休業後は20％までとした。

　⑤　1999年2月10日の児童家庭局保育課長通知（児保5号）。前年の児保3号の改訂通達であり、定員超過入所を認める数を拡大した。すなわち、年度当初の10％は15％に、年度途中の15％は25％に、年度途中の育児休業後は25％を超えてもよいとした。

　⑥　2001年3月30日の厚生労働省雇用均等・児童家庭局保育課長通知（雇児保11号）。この通達は④の改訂通達であり、定員超過入所は、年度後半は理由を問わず「認可定員の25％を乗じて得た員数を超えても差し支えない」とした。つまり、10月以降は、上限なしで定員超過入所を認めるということである。

　定員超過入所は際限なく進んでいきそうな勢いである。次は年度途中の上限なし、さらには年度当初よりの上限なしにゴーサインが出されるのは時間の問題かも知れない。

4 定員超過入所と児童福祉施設最低基準

(1) 「暫定定員」

　その時々に認められてきた定員超過入所の上限を、本書では「暫定定員」と呼ぶことにしたい。

　暫定定員は、必ずしも算式〈認可定員＋（認可定員×通達に示されたパーセンテージ）〉により得られた数ではない。なぜかというと、例えば「年度途中入所」時代の①の局長通達では、定員を超えて入所させることができる保育所には、「施設の設備及び職員数が定員を超えて入所措置された児童を含めた入所児童数に照らし、児童福祉施設最低基準及びその他の関係通達に定める基準を満たし得ること」が求められていたからである。分かりやすく言えば、実入所児童数を基礎にして計算し、設備、職員数ともに最低基準を満たしている必要があるということであり、ここに暫定定員の上限が設けられるのである。

(2) 設備、職員数が最低基準を満たしていれば暫定定員で、問題ないか

　暫定定員は最低基準を満たしている限り問題ないといえるであろうか。筆者はそうは考えない。

設備は従前のままで定員を超えて入所させれば、設備面で保育所の条件は必然的に低下する。これは、「最低基準を超えて、設備を有し、又は運営している児童福祉施設においては、最低基準を理由として、その設備又は運営を低下させてはならない」と規定する最低基準4条2項違反である。しかし、同項の定める義務は、法的拘束力のない努力義務（訓示的義務）であると考えざるを得ないから、これに違反しても直ちに保育所運営が違法となるわけではない。

だからといって、定員超過入所を安易に認めることは最低基準の趣旨に反し好ましくない。その理由を述べよう。

最低基準は戦争直後の1948年に制定された。当時の厚生次官通達では、「わが国における児童福祉施設の現状からみて著しく高い水準とはせず、しかも……経過規定をおいて、この期間内に整備してゆこうとするものである」と説明された（1948年12月28日「児童福祉施設最低基準施行について」発児67号）。

厚生省は、当時としても最低基準はかなり低い水準であると認識しつつ、そのようなものでも達成は容易でないと考えていたことがうかがわれる。その後、最低基準はいくたびか改正されたが、保育所については職員配置に関する規定（現行の最低基準33条）を除けば、制定当初の水準にとどまっており、また、「弾力化」「規制緩和」という名目での改正もなされたりして、全体として規定内容が簡素化され、法的基準性は弱められている。

Ⅳ 保育所の定員超過入所

そのような最低基準を満たしているというだけで暫定定員を承認するならば、結局のところ、保育所運営を50年以上前の水準に逆戻りさせることを意味する。安易な定員超過入所の実施に慎重にならざるを得ないゆえんである。

(3) 最低基準違反を容認――現行の通達

ところで、現行の④の局長通達では、①の局長通達に重大な変更が加えられた。すなわち、引用部分の冒頭の「施設の設備及び職員数」が「施設の設備又は職員数」に改められた。したがって、現行通達では、設備または職員数のいずれかが最低基準を満たしていればよいということである。

市町村が定員を超えて入所させる場合、超過員数に応じて運営費が支出されるから、職員数は最低基準を満たすことが期待できよう。しかし、設備はそういうわけにいかない。したがって、現行通達は、定員超過入所により設備の面で最低基準違反の状態が生じ得ることを容認しているということができる。これはいかなる意味でも正当化できない違法な保育所運営である。

(4) 定員超過入所がやむを得ないと考えられる場合

定員超過入所の実施には慎重を要するが、筆者はこれを「やむなし」とする場合があるとも考えている。それは、客観的にみて保育所（とその認可定員）が不足しているときである。

保育所が不足している場合、市町村がこれを理由にして入所

申込みを拒むことは必ずしも違法でない。入所ができなかった子どもは、「保留児」として「放置」されているのが実状である。

このようにならないようにするには、保育所の整備（新増設・定員増）あるいは定員超過入所のいずれかをするほかない。前者はすぐにはできないから、後者のみがさしあたりの選択肢である。子どもを「放置」するよりも、暫定定員を利用して保育所に入所させるほうが、子どもの福祉に適合する。

以上のようにして、現状においては定員超過入所を必要とする場合があると筆者は考えている。

しかしながら、保育所不足に対しては保育所の整備で対応するのが本来のあり方であり、前述のように定員超過入所は最低基準の趣旨からみて問題なしとしないから、それは保育所の整備が間に合わない緊急な場合の特例的な措置として限定的に考えるべきである。そうだとすれば、定員超過入所は、その明確かつ具体的な解消計画を伴っているときにのみ認められるべきであるということになる。

5　暫定定員の設定と運用をめぐる問題

定員超過入所が承認される場合は暫定定員が設けられることになるので、その設定と運用のあり方について若干の問題を検討しておく。

Ⅳ　保育所の定員超過入所

(1) 暫定定員の設定をめぐって

　暫定定員を設定するかしないかは、本来、その保育所の判断に委ねられる事柄である。市町村が一方的に私立保育所の暫定定員を設定するなどということは許されない。私立保育所のそれは、私立保育所と市町村の十分な協議と合意により設定が確認されなければならない。この場合、私立保育所が認可定員を厳守し、定員超過入所は受け入れない、という方針をもつことも尊重されなければならない。

　市町村が設置管理する公立保育所の暫定定員は、その市町村の責任において設定される。客観的にみて公立保育所に暫定定員を設定する必要があり、またその条件も整っているのに、市町村がこれを設定しないとき、その市町村の責任を問えるかどうかは今後の検討課題である。

(2) 暫定定員の公表について

　暫定定員は保育所で実際に入所が認められる上限の員数である。これが設定されているかどうかは、保育所入所を求める保護者と子どもの利益に重大な関係があるから、暫定定員が設けられたとき、市町村はこれを公表する必要がある。現状では、多くの市町村では認可定員のみが公表されているだけのようである。これでは、認可定員を超えた部分の運用が不透明になる。保育所入所の手続きの公正を確保するうえで、暫定定員の公表

は不可欠である。

　暫定定員に余裕がある保育所に対して入所申込みがなされたとき、認可定員を理由にこれを拒むことが許されないのはいうまでもない。

(3)　保育所の定員のあり方

　最後に保育所の定員について一言しておきたい。

　保育所の定員は、公立保育所の場合は都道府県への届出事項、私立保育所の場合は都道府県の認可事項であるから、設置者がこれを自由に変更することは許されない。

　この定員は、筆者が承知しているところによれば、3歳未満児と3歳以上児に区別して設定されている。このような定員を基準にして、定員超過かどうかが判断される。そのため、極端な事例を想定して言えば、3歳未満児定員の枠内での入所児の全員あるいは大半が乳児（0歳児）であっても、届出・認可事項違反にならない。また、3歳未満児定員を超えた入所が承認されるときは、定員超過部分のすべてが乳児にあてられても問題ないことになってしまう。

　最低基準によれば、乳児、1歳児と2歳児とでは設備の基準が異なり（32条）、また、保育士の配置基準は乳児と1、2歳児とで異なる（33条）。このように最低基準上の基準が異なるのに、これを無視して3歳未満児をひとくくりにして定員を設定することは適切と言えない。不適切に設定された定員のために、右

Ⅳ　保育所の定員超過入所

記の極端な事例（またはこれに類似した事例）が生じ得るのであり、同様の定員超過入所がなされ得るのである。定員の設定のあり方の改革が緊急の課題である。

V 保育所の「規制緩和」

1 保育所設置者の「規制緩和」

(1) 従前の規制──保育所設置者を社会福祉法人に限定

児童福祉法35条4項によれば、国・地方自治体以外の者は都道府県知事の認可を得て児童福祉施設を設置できる。また、社会福祉法2条3項は保育所を経営する事業を第2種社会福祉事業とするから、保育所は社会福祉法人でなくても経営できる(同法60条)。したがって、法律上は、社会福祉法人にかぎらず誰でも保育所を設置できる。そのため、これまでも保育所の設置者のなかには個人、財団法人、宗教法人などがあった。

厚生省は、1963年、「保育事業の公共性、純粋性及び永続性を確保し事業の健全なる進展を図る」ことを目的に、保育所の設置経営を行う私人を社会福祉法人に限定した(同年3月19日、児発271号、児童家庭局長通知「保育所の設置認可等について」)。これ以降、同省は、私人による保育所の新設について社会福祉法人

以外は認めないこととした。

　筆者は、このような限定について、保育所の公共性からみてその主旨を理解できなくはないが、それは本来、法律により行うべきであり、一片の通達により行うのは違法の疑いがあると指摘してきた（田村『保育所行政の法律問題（新版）』63頁）。保育所の設置者を社会福祉法人に限定することは、法的にはこのような問題があった。

(2) 保育所設置者の規制を撤廃

　2000年3月30日、厚生省はこれまでの通達を変更する新しい通達（児発295号、児童家庭局長通知）を出し、社会福祉法人以外の者に保育所の設置を認可することとした。同省が従来の行政方針を変更した理由は、保育所設置者の限定をやめることにより、保育所の設置を容易にし、新増設を促進するということにあるようである。この規制撤廃により、すでに保育所事業には、株式会社も参入を開始している。

　これを阻止する法的手立ては、現状では存在しない。この問題について、ここでは次の2点を指摘しておきたい。

　ひとつは、この規制撤廃により、これまで厚生省が重視していた「保育事業の公共性、純粋性及び永続性」の確保の要請はどうなるのかである。この点、厚生労働省からは何も説明されていない。例えば株式会社の保育所設置経営は、明らかにこの要請に抵触すると思えるが、同省はどのように考えているのだ

ろうか。

　もうひとつは、本来法律で行うべき規制を通達で行ってきたことの「もろさ」である。通達という行政レベルの施策・制度の不安定性といってもよい。このことは、制度を法律に基づいたものにすることの重要性を示している。

2　児童福祉施設最低基準の「切り下げ」

　このところ、児童福祉施設最低基準（以下では、「最低基準」という）による保育所の規制が、その効率的な運営を妨げ、民間主体の保育事業への参入の障害になっているなどと指摘され、規制の「緩和」、つまり保育所の設備・運営の条件の「切り下げ」が行われている。その手法はいろいろである。

　第1は、それまで最低基準を上まわっていた設備・運営条件を、最低基準を理由に切り下げるという手法である。第2は、最低基準の解釈の変更による切り下げである。第3は、この2つで対応し切れないときに出てくる最低基準の改正（改悪）である。以下、順にみていくことにする。

(1) 運用の「切り下げ」

　規制緩和の動向の中で、最低基準が規定する保育所に関する基準の「読み直し」による設備・運営条件の切り下げ、つまり

最低基準の運用の「引き下げ」が、以下のように行われている。

30年来、乳児を入所させる保育所の「乳児室及びほふく室の面積は、あわせて乳児1人につき5平方メートル以上であること」とされてきた。これは、乳児保育の促進の観点から、1969年以降厚生省が通達で示してきた基準であり、乳児保育の急速な普及に伴い一般化していた。

ところが、厚生労働省は新しい通達（2001年3月30日、雇児保11号、雇用均等・児童家庭局保育課長通知「待機児童解消に向けた児童福祉施設最低基準に係る留意事項について」）で、「かつての乳児保育指定保育所に係る面積基準（5㎡）の故に乳児の待機が多く発生しているのであれば、それは当該通知の趣旨にそぐわない」とし、待機児童の多い地域では最低基準どおりで保育所を運営するようにされたい、という趣旨を述べている（最低基準32条1号によれば、「乳児又は満2歳に満たない幼児を入所させる保育所には、乳児室又はほふく室」を設けることとされ、乳児室・ほふく室はいずれかを設置すればよいとなっている）。

(2) 解釈の変更──「分園」という名の保育所「新設」

保育所の「分園」は、1998年に厚生省通達（同年4月9日、児発302号、児童家庭局長通知「保育所分園の設置運営について」）により導入された保育所「新設」の一方式である。この通達により、「中心」保育所とは別の敷地にある建物を「分園」とし、その保育所の一部として運営することが認められた。

V 保育所の「規制緩和」

　従前は、当然のように保育所は敷地と建物が一体的でなければならないとされていた。したがって、既設の保育所の設置者が別の敷地に建物を建てて保育所として使用しようとすれば、保育所の新設となるから、その認可手続きをとらなければならなかった。しかし、「分園」が承認されたことにより、その手続きは不要となった。

　「分園」には、保育所に必置の調理室と医務室（最低基準32条）、同じく必置の嘱託医と調理員を置かないことができる。施設長も置く必要がない。

　以上のような「分園」制度については、最低基準に何も規定されていない。無規定は無規制を意味するとして、厚生省は「分園」解禁に踏み切った。従来であれば保育所の新設とされたものを、最低基準の解釈運用の変更により承認したということである。

(3) 改正（改悪）による「切り下げ」

　最低基準という法令の解釈運用による「切り下げ」が不可能な場合は、規定そのものを改悪して、保育所の設備・運営条件を切り下げようとする。

　保育所の調理室必置義務（最低基準32条1号）の解除または緩和がこの問題である。現在、「余裕教室に保育所を設置する場合において調理室の共同利用をするなど、安全性等が確保される場合」（2002年12月12日総合規制改革会議第2次答申）を例にして、

保育所の調理室必置義務を解除・緩和しようとする動きが顕在化している。

(4) 児童福祉施設最低基準とは何か

以上のような最低基準の切り下げという問題に直面して、われわれは改めて最低基準とは何かについて考える必要がある。

はじめに、やや長くなるが、厚生労働省の考えを示しているといってよい児童福祉法規研究会編『最新児童福祉法・母子及び寡婦福祉法・母子保健法の解説』（時事通信社、1999年）の最低基準に関する説明を紹介しよう。

「児童を直接あずかって保護する施設が、なんらの基準もなく、恣意的に児童の保護にあたるということであれば、児童の福祉を十分保障するということが、必ずしも実現されないことが多い。したがって、児童の健康を守り、その心身の健全な育成を図るためには、施設における設備と運営が少なくとも一定の基準以上であることが不可欠の条件である。こうした意味から、児童福祉施設において必要とされる最低基準というものが設けられねばならない。」（326頁、傍点筆者）

「『最低基準』というのは、児童の健康で文化的な生活を保障するに必要な最低限度の基準という意味である。憲法第25条に規定された『健康で文化的な最低限度の生活』と同一の思想である。しかし、具体的にいかなる基準をもって最低限

度とすべきかは、現実の社会的・経済的条件に対応して決定されるべきものであって、それは国民経済の進展と国民生活の向上に照応して逐次高められてゆくべきものであろう。」
(同前)

1948年当時、厚生省児童局企画課長として最低基準の制定に携わった松崎芳伸氏の著書『児童福祉施設最低基準』(1949年、日本社会事業協会)は、「『最低基準』というのは、読んで字の如く、これより下つてはいけない、ぎりぎりの最低線ということであり、単に『基準』というのとは大いに異なる。」(17頁、傍点筆者)と解説している。

最低基準制定にあたり出された厚生次官通達「児童福祉施設最低基準施行について」(1948年12月29日、発児67号)には、最低基準は「わが国における児童福祉施設の現状からみて著しく高い水準とはせず、しかも、……経過規定において……」と述べられている。

次に、最低基準4条の条文を紹介しておこう。

1項「児童福祉施設は、最低基準を超えて、常に、その設備及び運営を向上させなければならない。」(設備・運営の向上義務)

2項「最低基準を超えて、設備を有し、又は運営をしている児童福祉施設においては、最低基準を理由として、その設備又は運営を低下させてはならない。」(設備・運営の低下の禁止)

筆者は、以上の引用のほかに付け加えるべきものを持たない。

このような最低基準について、基準としての法的拘束性をより弱め、あるいは、1948年時点で「これより下つてはいけない、ぎりぎりの最低線」といわれた保育所の設備・運営条件の中身とレベルを引き下げようというのが、現在進行中の規制緩和である。

(5) 構造改革特別区域法による規制緩和

構造改革特別区域法（以下では「構造改革特区法」という）が2002年制定され、この法律による保育所制度の規制緩和が進みつつある。

構造改革特区法は、特別区域を指定し、その区域内では「規制の特例措置」を受けることができることとし、法律に規定されている各種の規制を免れることができるようにし、「規制緩和」を促進しようとしている。

この法律による保育所制度に関する規制緩和として、閣議決定による「構造改革特別区域基本方針」（3条）では、①保育所における私的契約児の弾力的な受け入れ（私的契約児を定員を超えて受け入れること）、②保育所における保育所児および幼稚園児の合同活動（定員の範囲内で保育所保育室において合同で保育・教育すること）、③保育の実施に係る事務の教育委員会への委任、④公立保育所における給食の外部搬入方式、⑤幼稚園と保育所の保育室の共用化、が認められることになっている（2004年2月24日一部変更現在）。これらを行おうとするときは、地方自治

Ⅴ 保育所の「規制緩和」

体は内閣総理大臣に申請をし、その認定を受けなければならない（4条）。

①〜⑤はいずれも現在の児童福祉法のもとでは違法である。そうならないために特例措置を講じることができるようにしたのが構造改革特区法である。判りやすく言えば、この法律は違法行為の「抜け道」を定めたものであるということができる。したがって、このような法律は、本来、法治国家ではあってはならないものである。

①の私的契約児を定員を超えて保育所に入所させることは、本書第Ⅳ章で述べたような、緊急やむを得ないときで、しかもその解消計画が整備されている場合にのみ承認させるべきものである。

②③⑤は、保育所と幼稚園の「連携」をめざしたものであり、それ自体としては、一定の合理性が認められないわけではない。しかし、これを構造改革特区法という「抜け道」で行おうとすることには問題が多い。このような両施設の「連携」を実施しようとするならば、どのような場合に、どのような条件のもとで認められるのかなどについて、法的な基準を整備しておくべきであり、これをせずに内閣総理大臣の認定という行政的措置で行うのは、法治国家が行うべきことでない。

なお、④は児童福祉施設最低基準の適用外として公立保育所の給食の外部搬入方式を認めようとするものであるが、財政効率性のみの見地から進めようとするものであり、その必要性・

合理性は示されていない。

(6) 保育所・幼稚園の一元化

保育所と幼稚園の一元化（幼保一元化）は，乳幼児の集団保育に消極的あるいは否定的な風潮が強く存在した日本社会において、積極的に集団保育・施設保育を進める努力を行ってきた保育にかかわる先達が、戦前以来、繰り返し唱えてきたものである。なぜ幼保一元化が求められるかというと、同じ年齢階層の子どもを同じように保育する施設でありながら、保育所と幼稚園という制度目的が異なる別個のものが並存すると、おのずとその間に格差が生じ、保育所が幼稚園より一段低いレベルの施設であると見られるなど、両者の間に差別的な構造があったからである。したがって、長い間、幼保一元化は、乳幼児への保育・教育を受ける権利の平等保障という見地から主張されてきた。

ところが、最近、にわかに政府側から幼稚園と保育所の一元化の必要性が強調されるようになっている。それは、行政の「効率性」を至上目的とする規整緩和論の立場から唱えられるものである。この立場からは、まず幼稚園と保育所の「連携」と両施設に関する行政の一元化の推進が主張され、さらに「就学前の教育・保育を一体として捉えた一貫した総合施設を設置する」（2003年12月22日総合規制改革会議「規制改革の推進に関する第3次答申」）という議論が展開されている。

保育所と幼稚園の二元行政が非効率的であり、合理性を欠いていることは明らかである。したがって、両者を統合・一元化することには誰も異を唱えないであろう。しかし、政府側から急テンポで提起されている連携の推進、一元化・一体化は、もっぱら財政効率性の見地から出ているものであり、ただちには賛成できない。この議論は、保育所と幼稚園の間にある制度上の格差を低い方に統一することにより解消し、財政の効率化を図ろうというものであるからである。

(7)　真に望まれる一元化を

　以上のように、規制緩和の立場から提起されている保育所と幼稚園の連携・一元化論は、問題が多い。しかし、この議論は現在の制度の矛盾を解消しようとする一面を含んでおり、これをただ批判するだけでは有効ではない。財政効率化の見地からではなく、乳幼児に対して保育・教育をひとしく保障する幼保一元化はどうあるべきか、また、働く親の勤労権の保障のために必要な保育施設の利用の仕組みはどのようなものでなければならないかという視点から、真に望まれる保育所と幼稚園の一元化・保育一元化を検討していく必要がある。

Ⅵ 保育をめぐる最近の立法と法改正

　本書では、これまでも最近の児童福祉法改正を取り上げ検討しているが、ここではまだ取り上げられていない改正部分と最近新しく制定された法律について、検討することにしたい。

　2003年に保育所保育のあり方に親密に関係する2つの新しい法律が制定されている。その1つは、議員提案の少子化社会対策基本法（法律133号。以下では「少子化基本法」という）であり、もう一つは次世代育成支援対策推進法（法律120号。以下では「次世代育成法」という）である。また、2003年と2004年に児童福祉法も改正されている。

1　少子化基本法、次世代育成法

(1) 法律の基本理念

　2つの法律とも、子どもや親に対して保育サービス・児童福祉サービスを供給することを規定するものではなく、そのあり方やそのための体制の整備などについて規定する。

少子化基本法は、少子化は国民生活に「深刻かつ多大な影響をもたらす」「少子化社会の進展に歯止めをかけることが、今、我らに、強く求められている」（前文）と認識する。次世代育成法も、「急速な少子化の進行並びに家庭及び地域を取り巻く環境の変化にかんがみ……次世代育成支援対策を推進する」（1条）と規定する。つまり、両法律は進行する少子化に歯止めをかけることを目的とし、少子化対策、次世代育成支援対策はこの観点にたって行われるべきであるとしている。

　この目的、観点に異論はないが、両法律は、基本理念について「父母その他の保護者が子育てについての第一義的責任を有する」（少子化基本法2条1項、次世代育成法3条）と定め、国や地方自治体の責任に言及しない。このような基本理念については疑問なしとしない。父母や保護者に子育ての第一義責任があること（民法の親権に関する規定や児童権利条約18条1項はこの理を定める）は自明のことであるが、わが国では国や多くの地方自治体が長年にわたりこれを強調し、国・自治体の責任を第2次的・副次的なものであるとしてきた。そのため国や地方自治体は子育て支援の施策を行うことに消極的・抑制的となり、その結果、少子化社会ががもたらされたという側面があることは否定できないところである。そうだとすれば、少子化対策、次世代育成支援対策のための法律の基本理念として、ことさらに父母や保護者の責任を強調することは、適切でないといわざるを得ない。

　児童福祉法2条は「国及び地方公共団体は、児童の保護者と

ともに、児童を心身ともに健やかに育成する責任を負う。」と、国、地方公共団体の責任を規定する。また、女性差別撤廃条約前文は「子の養育には男女及び社会全体がともに責任を負うことが必要である」と、両親と社会全体の責任を規定する。このような認識を確立し、その社会的定着をはかることこそが、「少子化の進展に歯止めをかけ」(少子化基本法前文)、「次代の社会を担う子どもが健やかに生まれ、かつ、育成される社会の形成」(次世代育成法1条)をめざすうえで、求められているのではないだろうか。

(2) 少子化基本法11条

「保育サービス等の充実」という見出しの本条は、国・地方自治体は「病児保育、低年齢児保育、休日保育、夜間保育、延長保育及び一時保育の充実、放課後児童健全育成事業の拡充その他の保育等に係る体制の整備……に必要な施策を講ずる」ものとする旨を定める(1項)。この規定は国・地方自治体に努力義務を課しており、これに従った国・地方自治体の努力が求められることはいうまでもない。

本条の問題点を3つ指摘しておこう。第1は、「保育等に係る体制の整備」の例示事項として、保育所の整備が明記されていないことである。本来、これが真っ先に挙げられるべきものなのではないかと考えるが、保育所を強調したくないという意図があってのことであるとすれば、おそろしく歪んだ保育観が

背後にあると指摘せざるを得ない。

　第2は、「保育所、幼稚園その他の保育サービスを提供する施設」（1項）と定められているが、その他の保育サービス提供施設とは何かが不明であることである。おそらく各種の無認可保育施設がこれに該当するというのであろうが、このような無原則的な無認可保育施設の評価は、児童福祉法に基づく保育所制度の侵食につながることは本書第Ⅲ章で述べたことである。

　第3は、本条2項には「幼稚園と保育所との連携の強化及びこれらに係る施設の総合化」と定められているが、この「これらに係る施設の総合化」とは何を意味するのか不明であることである。最近の「幼保一元化」の動きを念頭においた言葉づかいであるのは明らかであるが（最近では、「就学前の教育保育を一体として捉えた一貫した総合施設」という表現が使われている）、いまだ意味内容が明確でない概念を法律で用いることはきわめて異例であるというほかない。

2　2003年の児童福祉法改正

　2003年の児童福祉法改正（法律121号）では、新たに子育て支援事業、市町村保育計画および都道府県保育計画の策定に関する条項が規定されている（2005年4月より施行）。ここでは前二者について検討する。

Ⅵ 保育をめぐる最近の立法と法改正

(1) 子育て支援事業

　子育て支援事業とは、放課後児童健全育成事業、子育て短期支援事業などのほか、児童および保護者等の居宅において児童の養育を支援する事業、保育所等の施設において児童の養育を支援する事業、児童の養育につき相談、情報の提供、助言を行う事業をいう（21条の27）。市町村は、これらの「子育て支援事業に係る福祉サービス」を提供・参画する者の連携・調整などに努め（21条の26）、情報の提供・相談・助言を行うとともに、子育て支援事業の利用のあっせん・調整などを行う（21条の29）。

　これらの子育て支援事業に関する条項の特徴は、放課後児童健全育成事業を除いて市町村が事業主体になることが想定されていないことである。つまり、福祉サービスは地方自治体以外のものが提供し、地方自治体はこれを側面から支援する。このような方式は最近の福祉関係立法に多用されているものである（介護保険法による介護サービス提供や障害者福祉関係法に導入された支援費方式がその例である）。

　この方式は、いまだ児童福祉法には全面的には導入されていないが、同法にも徐々にこの方式の事業（例、居宅生活支援費の支給）が導入されていることに注意しなければならない。

　子育て支援事業とは何かであるが、改正21条の27からは明らかにならず、2003年児童福祉法改正にともなって改正された同法施行規則（厚生労働省令130号。2005年4月より施行）の関係条文

を参照しなければならない。その21条の19第5号にいわゆる家庭的保育（保育ママ）が規定されている。同号によれば、家庭的保育を行う者とは、「おおむね3歳未満の児童であって、その保護者の労働その他の理由により家庭において保育されることに支障があるもの」を対象とすると定められている。このように、家庭保育者は「保育に欠ける」子どもを対象として保育することは位置づけられていない。筆書は、実態として「保育に欠ける」子どもの保育に従事している家庭的保育者を児童福祉法に位置づけるのであれば、当然その実態にあわせるべきであると考えている。ところが、2003年の児童福祉法施行規則改正では、あえて「保護者の労働……により家庭において保育されることに支障があるもの」という表現を用いて、保育所と区別しようとしており、問題が残るところである。

(2) 市町村保育計画

児童福祉法24条1項本文によれば、市町村は「保育に欠ける」乳幼児を保育所において保育しなければならない（保育の実施義務）。だが、保育所が不足している場合、市町村は保育の実施を行うことができないため、待機児が生じることになる。

保育の実施義務違反の待機児は速やかに解消されなければならない。そのためには、保育所を新増設するなどして、保育所不足を解消しなければならない。保育所の新増設には用地の確保や予算措置等が必要であり、一定の時間も要する。また、そ

Ⅵ　保育をめぐる最近の立法と法改正

れは段階的・計画的に行わなければならないときがある。このように考えれば、保育所不足の解消のために、保育所の新増設などの整備に関する計画を策定し、これを実施するという行政手法を市町村に導入することの有効性は承認されてよい。このたびの改正法には、その第56条の8（2005年4月より施行）に、「保育の実施への需要が増大している市町村」、つまり待機児童が多い市町村は、保育計画（市町村保育計画）を定めなければならない旨が規定されている（市町村保育計画の策定義務）。

　待機児の解消を目的として計画的に保育所を整備するために市町村保育計画がつくられるのであるとすれば、この計画に定められるべきことは保育所の整備・新増設に関する事項である。ところが、改正法56条の8第1項によれば、市町村保育計画に盛り込むべき事項として、①保育の実施の事業、だけでなく、②主務省令で定める子育て支援事業、③その他児童の保育に関する事業、の供給体制の確保に関する事項が規定されている。①が保育所の整備を意味することはいうまでもないが、②および③はそれ以外のものである。

　②の主務省令で定める子育て支援事業とは、前述の家庭保育（保育ママ）事業と幼稚園における預かり保育所業（2003年文部科学省・厚生労働省令3号第2条1号。2005年4月施行）をいい、③のその他児童の保育に関する事業とは、「自治体のおける様々な単独施策を始めとする①及び②以外の児童福祉法第24条第1項ただし書に規定するその他の適切な保護に該当する事業等」を

いう(2003年8月22日雇児発0822008号厚生労働省雇用均等・児童家庭局長通知「児童福祉法に基づく市町村保育計画等について」)。

③の引用部分に注目する必要がある。というのは、児童福祉法24条1項ただし書に基づく「その他の適切な保護」を待機児童の解消のための計画に取り入れているからである。市町村は、保育所不足などのため入所決定を行うことができなかった子どもを放置せず、代替的に「その他の適切な保護」を加えなければならないことは、児童福祉法24条1項ただし書からみれば当然のことであるが、厚生省・厚生労働省は、長い間、このただし書を無視する態度をとっていた。このたびようやく現行の法規定の実施に言及したといってよい。今後の行政の展開に注目したい。

3 2004年の児童福祉法改正

2004年の児童福祉法改正(法律21号)では、「市町村の設置する保育所における保育の実施に要する保育費用」(51条4号)が国庫負担の対象からはずされた(53条)。私立保育所の保育の実施に要する保育費用は、これまでどおり市町村が支弁し、国庫負担金が交付される。

同じように児童福祉法24条に基づく保育の実施に関する費用(運営費)でありながら、国庫負担の対象になるものとならない

VI 保育をめぐる最近の立法と法改正

ものがあることになったが、その合理的な根拠は明らかでない。わかっていることは、やみくもに保育所費用に対する国庫負担を減額するという政治的判断があったということである。

私立保育所の運営費に対する国庫負担制度はこれまでどおりであるとすると、国庫負担金の交付条件を示した通達（これまでのものは、厚生事務次官通知「児童福祉法による保育所運営費国庫負担金について」1976年発児59号の2である）はこれまでどおり発せられることになる。これまでの通達には保育所の公私立を区別せずに、その運営費の内訳（使用条件）が細かく定められてきた。そのことによって、厚生労働省は公私立保育所の運営を細部まで規整・統制することができたのであり、市町村の保育所行政における自主性は大きく損なわれてきた。

そのような通達が2004年度以降は私立保育所の運営費について出されることになる。それは直接には市町村の私立保育所の運営費支弁を規制するものであるが、その市町村が公立保育所の運営費をも支弁する。市町村としては、同じように児童福祉法24条に基づく保育の実施に要する保育費用の支弁についてダブル・スタンダードをとるわけにはいかないから、結局、この通達に準拠することになるであろう。そうだとすれば、公立保育所運営費についての国庫負担制度は廃止されても、市町村の保育所行政はこれまでどおり厚生労働省の通達によって細部まで支配されることに変わりないことになる。

筆者は、これまでのような国庫負担・国庫補助制度は、地方

自治体の主体性を大きく阻害し、地方自治をないがしろにするものであるので、抜本的に改革されなければならないと考えている。そのためには、国から地方への財源の移譲が必要である。2004年児童福祉法改正による公立保育所運営費の国庫負担の廃止は、地方自治体への財源移譲がまったく不十分のうえ、その主体性の向上にもつながっていない。それは、ただ地方自治体の財政負担をもたらすだけである。

4　母子及び寡婦福祉法28条

2002年11月の「母子及び寡婦福祉法」改正（法律119号）にも触れておこう。この法改正により、保育所入所の選考にあたっては母子家庭等を優先的に扱うことを求める、次のような条文が同法に追加された。

「（保育所への入所に関する特別の配慮）
第28条　市町村は、児童福祉法第24条第3項の規定により保育所に入所する児童を選考する場合には、母子家庭等の福祉が増進されるよう特別に配慮をしなければならない。」

保育所の定員を超えて入所申込みがあったとき、当該保育所の入所児童を決定するための選考は不可避であり、その基準は可能な限り、具体的かつ明確なものでなければならない。筆者

Ⅵ　保育をめぐる最近の立法と法改正

の知るところでは、かなり多くの市町村で選考基準を指数化するなどして、市町村の裁量の幅を狭めようとする努力がなされている。しかし、市町村はケース・バイ・ケースでの裁量を行わざるを得ない場合も少なくない。

　本条はそのような市町村の裁量に一定の方向づけをするものである。言い換えれば、入所選考の判断にあたり、母子家庭等に優先性を与えている。法律が規定する優先事由は最大に尊重されなければならないとすれば、市町村は真っ先に母子家庭等の子どもを保育所に入所させる選考・決定をしなければならない。しかし、優先事由は他にもあり得るのであり、それと母子家庭等との優劣が容易にはつけられない場合もないとはいえないように思われる。このように考えられるとすれば、本条がどれほど有効なのかは必ずしも明らかでない。

Ⅶ 児童福祉法をどう活用するか
──保育所入所の権利の実現のために──

現行法である児童福祉法をどのように活用するか、どこまで活用できるか、といった問題について、保育所保育サービスの受給、つまり保育所入所に焦点をあてて、筆者の考えているところを提示したい。

1 国・地方自治体による児童福祉サービスの給付

児童福祉法は、「国及び地方公共団体は、児童の保護者とともに、児童を心身ともに健やかに育成する責任を負う」(2条)と国・地方自治体の責任を規定し、原則として児童福祉サービスは国・地方自治体が給付するという仕組みを採用した。この原則のもとで、同法は、「保育に欠ける」児童を保育所に入所させて保育サービスを給付することを市町村(長)の事務とした(24条)。同様に、他の児童福祉サービスも国または地方自治体が給付することになっている(たとえば、児童福祉法27条には都道府県が給付する各種の児童福祉サービスが規定されている)。

このように福祉サービスの供給責任主体を国・地方自治体と

する仕組みは、最近の福祉関係法の改正により続々と廃止されているが(身体障害者福祉法、知的障害者福祉法における「支援費」制度の導入がその典型例である)、児童福祉法はなおこれまでの仕組みを基本的には維持している。

2 1997年児童福祉法改正による保育所入所制度の改革——その内容と留意点

　1997年に児童福祉法はかなり大幅に改正され(法律74号・以下では「97年改正」という)、保育所入所の仕組みに改革が加えられた。この改正についての評価はなお定まっていない感がなくもないが、「措置(行政処分)から契約」へと保育所入所の法的仕組みが変更されたという厚生省の大宣伝にもかかわらず、市町村による入所決定が行政処分であることは従前と同じである(97年改正後の裁判事件である2002年12月4日さいたま地裁判決、『判例地方自治』246号99頁は、市町村長の「保育園入園不承諾処分」を行政処分として取り扱った判例である)。

　変わったのは、①入所の申込み(申請)手続きが法定化されたこと(24条1項)、②申込書に希望保育所名を記載すること(同条2項)、である。新たに同条3項に規定された「選考」は、従前から行われていたこと(また、当然行うべきこと)を明文化しただけであり、行政のあり方の変更を意味しない。

Ⅶ　児童福祉法をどう活用するか

　厚生省は97年改正の実施にあたり通達（1997年9月25日、児発596号、児童家庭局長通知「児童福祉法等の一部を改正する法律の施行に伴う関係政令等の施行について」）を発し、新たな保育所入所のあり方として、③保育所入所期間の長期間化、④広域入所、について示した。

　以上のような新しい保育所入所制度をどうみるか、そしてどのように活用するかが、ここでの検討課題である。

(1)　入所申請手続きの法定化の意義

　入所申請手続きの法定化により、入所申請がなされたとき、市町村長（福祉事務所長）は申請を認めて入所決定をするか、それとも申請を却下するか、のいずれかの決定をしなければならないことになった。いずれの決定もしないで、申請を放置する（握りつぶす）ことは違法である。

　児童福祉法24条1項によれば、申請の子どもが保育所入所要件に該当するとき、入所拒否事由がないかぎり、市町村長は必ず入所決定しなければならない。筆者がこの法的仕組みを「保育所入所の権利」と呼ぶことにしていることは、本書の「はじめに」で述べたことである。

　保育所入所申請手続きの法定化・明文化により、ひとまず保育所入所の権利は確立されたということができる。

(2) 保育所入所拒否事由

　しかしながら、市町村は、入所拒否事由があるときは申請を拒んでも違法ではない。この意味で保育所入所の権利には限定がある。

　保育所入所拒否事由とは何かであるが、率直にいって保育所のような施設の場合、施設がなければ入所させられないのだから、保育所が存在しないことやその不足は入所拒否事由であるといわざるをえない。しかし、保育所の不存在・不足を安易に入所拒否事由とすることができるとすれば、保育所を整備しようとしない市町村を免罪することになってしまう。

　本書第Ⅰ章で述べたように、市町村には保育所設置・整備義務が課せられている。この義務を尽くしてもなお保育所が不足するときは、入所拒否事由に該当すると考えるべきだろう。しかし、この義務の著しい不履行による保育所の不存在・不足は、入所拒否事由に当たらないと考えるべきである。

　保育所設置・整備義務の著しい不履行に当たると考えてよい場合の例として、市町村が漫然として保育所設置・整備計画・方針をまったく持っていないために、あるいは、持っていてもそれがまったくずさんであったために、保育所不足をきたしたとき、があげられるであろう。ずさんな計画・方針とは何かであるが、一定数の保育所待機児が常時存在しているのに、これを考慮せずまたは大幅に過小評価してつくられた計画・方針、

あるいは、待機児が増加しているにもかかわらず見直し、修正がなされない計画・方針などである。

市町村は、入所拒否事由があるとき、入所決定をしなくてもよい。この場合は、児童福祉法24条1項ただし書の規定する「その他の適切な保護」を行わなければならないこと、そして、待機児童とすることが違法であることは、本書第Ⅲ章でくわしく述べたので、もはや繰り返さない。

(3) 希望保育所名の入所申込書への記載——保育所選択権

1997年の児童福祉法改正により、児童の保護者は入所申込書に希望する保育所名を記載することになった（24条2項）。厚生省は、この手続き的仕組みを保護者への保育所選択権の保障と説明した。保育所選択権とは、次のような権利である。

① 保護者が申込書に記載した希望保育所に入所拒否事由がないかぎり、市町村はその保育所に児童を入所させる決定をしなければならない。言い換えれば、他に適当な保育所があるとして、市町村が一方的に入所させる旨の決定をすることはできない。定員を超えて入所希望者がいるとき、市町村は誰を入所させるかの選考を行うが（24条3項）、この選考は保育所ごとに行うのであり、選考の結果、入所決定をするわけにはいかないときは、入所申込みの却下（入所不承諾）を通知しなければならない。

② 希望保育所に入所した児童は、入所を認められた期間内

に市町村の一方的な判断で（つまり保護者の意思に反して）当該保育所以外の保育所に転園・転所させられない。

(4) 保育所入所（保育の実施）期間の長期間化

97年改正以前は、厚生省通達により保育所入所措置期間は一律に6カ月という短期間であった。97年改正以後は、前述の新しい通達（1997年9月25日、児発596号）により、保育の実施期間は原則として「小学校就学始期に達するまでの間」とされた（小学校就学始期到達の前に「保育に欠ける」事由が消滅することが見込まれるときは、その消滅の時点までが保育の実施期間とされる）。

こうして、保育所入所期間が長くなり（この意味で安定的に）、児童は決められた（選択した）保育所で小学校に入学するまで保育を受けることができることになった。言い換えれば、定められた保育の実施期間が終了するまで当該保育所で保育を受けることができる権利が保障されたのである。

したがって、「定められた保育の実施期間」中に、正当な理由なく保育の実施を解除、つまり退所・退園させられることはない（正当な理由とは「保育に欠ける」事由が消滅したときをいう）。また、保育の期間中に一方的に転所・転園させられることもない。この期間中の保育所の廃止が原則として許されないことは、本書第Ⅱ章で述べた（22頁）。

Ⅶ　児童福祉法をどう活用するか

(5) 広域入所

　広域入所とは、「保育に欠ける児童を居住地以外の市町村にある保育所に入所させること」である（前述の厚生省通達）。広域入所は、従前、「管外入所（委託）」と呼ばれ、一部の区市町村で実施されていた。厚生省は通達（前述）を発して、97年改正で新たに児童福祉法56条の6が規定され、保育の実施等の福祉の保障についての地方自治体の相互連絡・調整が定められたのを機に、市町村に広域入所の体制整備を要請した。これにより広域入所が定着することが期待される（前述の2002年12月4日さいたま地裁判決は、広域入所の事例である）。

　広域入所を前提にして保育所入所のあり方を考えれば、保護者は居住している市町村の区域外の保育所をも選択の対象にでき、市町村はその区域内の保育所の不存在や定員不足などを理由にして入所申込みを拒否することはできない。保護者は市町村の区域内外の保育所を選択する権利を有するのであり、市町村は保護者がどの保育所を選択しても、ひとしく入所の審査の対象にしなければならない。言い換えれば、市町村はその住民からの入所申込みを優先させて審査することは許されない。

(6) 保育所入所と行政手続法

　大阪地裁2002年6月28日判決（『賃金と社会保障』1327号53頁、『保育情報』309号28頁）は、保育所入所申請に対して福祉事務所

長が保留で対応したことについて、保育所入所の審査基準が公にされていなかったことは行政手続法5条3項に違反する、また、保護者への保留の通知にあたりその理由を示さなかったことは行政手続法8条1項に違反するなどとして、損害賠償を命じた。後者の論点について、判決の説示部分を紹介しよう。

「保育所入所保留通知書には、『過日、申込みのありました保育所入所措置申請につきましては、4月1日現在保育所の収容能力の関係上入所の見込みがつきがたく、やむを得ず保留措置をとらざるを得ません……』と記載されているにすぎず、……いかなる事実認定のもとに判断がなされたのか、どのような審査基準が適用されいかなる審査項目が満たされていないのかがまったく不明であり、これをもって行政手続法8条1項にいう当該処分の理由が示されたものと認めることはできない。」

この裁判は、97年改正児童福祉法の実施直前の事件であるが、現在も保育所入所の決定は行政処分であり（97年改正に際し、厚生省は保育所入所は契約により行われることになったと説明した。しかしそれは途方もない強弁であり、97年改正の前後を通じて保育所入所行政の法的なあり方に変化が生じていないことは、現在では明白である）、入所申請（申込み）に対しては行政手続法第2章「申請に対する処分」が適用される。同章の、入所決定（処分）をどうするかの審査基準の設定と公表の義務（5条）、申請に対する審査・

応答の義務（7条）、申請拒否処分の理由提示の義務（8条）、などの諸規定は、保育所入所行政における「公正の確保」「透明性の向上」を図り（1条）、国民の権利の保障に資するであろう。

おわりに

おわりに

　1997年の児童福祉法改正（1998年4月施行）により、保育所入所・利用の法的仕組みは「措置から契約へ」と改革されるなど、保育所法制は「大改革」されたと大宣伝された。なるほど保育所入所「措置」という言い方は児童福祉法から消え、代わって「保育の実施」という文言が用いられるようになり、保護者は保育所入所の申込書を提出しなければならないことになった（24条1項・2項）。

　しかし、依然として市町村長による保育所入所決定（入所の承諾）は行政処分として取り扱われている。このことは市町村行政の現場では「常識」となっており、したがって、市町村長（福祉事務所長）が発行する「保育所入所不承諾通知書」には、行政不服審査法57条に基づき「異議申立てをすることができる」旨の教示がなされている（厚生省は1997年児発596号児童家庭局長通知で教示が必要であるとしている）。異義申立て（行政不服審査法による不服申立ての一種）ができるということは、つまりそれが「行政庁の処分」に当たるということである。したがって、法的には、「措置」という文言が用いられなくなっただけであり、市町村長の保育所入所（承諾）決定・入所申込み拒否（不承諾）

91

決定は、いずれも「行政庁の処分」、つまり行政処分というほかない（1997年児童福祉法改正後の判例として、2002年12月4日さいたま地裁判決『判例地方自治』246号99頁がある）。これを「契約」というのは無理というほかない。

　それにもかかわらず、「措置から契約」へと大宣伝されたのは、厚生省としては、保育所法制を「大改革」したとの印象を与えることにより、同省の新しい保育施策がスムーズに受け入れられることを狙ったのではないかと考えられる。

　これまでのところ、児童福祉法に基づく保育所法制の根幹的な部分は変更されていない。保育運動にたずさわる人たちはこのことに自信を持っていただきたい。しかし、本書で述べているように、最近の保育所法制に関わる法改正には、これまでの法制の根幹的な部分を外から崩すようなものが増加している。従来の保育所法制の外堀を埋め、やがて内堀を埋め、ついには本丸を倒そうとしているのではないかと思われる法改正が、次から次へと行われている。

　政府・厚生労働省が狙っている究極の保育所法制の改革のモデルは、すでに障害者福祉立法に採用されている「支援費」制度であろう。この制度の最大の特質は、社会福祉サービスを給付する責任が地方自治体にないことである。サービス供給そのものはサービス供給事業者（民間が基本になる）が行い、国民はこれを購入し（サービスを受給し）、地方自治体はこのサービス購入費を支援するために金銭を支給するのである。このような

おわりに

法的仕組みが別名「契約福祉」である。
　筆者は、近い将来、このような制度改革の動きが本格化すると予想している。そのような状況において、どのように対応すべきかについて、今ここで見解を述べることはしないが、本書の考察が十分に踏まえられなければならないと考えている。

資料の調べ方

　保育運動を行う際に参照されるべき法律の条文、裁判所判決などの資料を収録しようと考えたが、本文のわりに資料のページ数が多くなりそうなので、すべて省略することにした。そこで、資料をじかに参照したいと考える読者のために、資料の調べ方を案内することにした。

　①　法律について。市販の六法（法令集）が各種あるが、保育所関係のものが網羅的に掲載されているものというと、『児童福祉六法』（各年版）（中央法規）や『社会福祉六法』（各年版）（新日本法規）が確実である。また、現行の法令は、総務省および厚生労働省のホームページで調べることもできる。これらのホームページに掲載されている法令は、最新の改正がフォローされている。

　②　関係の行政通達について。上記の２つの六法にも収録されているが、網羅的に抄録しているものとしては、保育法令研究会編『保育所運営ハンドブック』（各年版）（中央法規）がある。また、厚生労働省のホームページでも主要な通達を参照することができる。

　③　各市町村には、保育所条例（公立保育所の設置管理について規定する条例）、同施行規則、保育の実施に関する条例、同施行規則などが必ず制定されている。これらは、各市町村が編集している条例規則集や例規集に収録されており、役所で参照さ

せてもらうこともできるが、当該市町村の公立図書館、公文書館などに配置されている。また、ほとんどの地方自治体はホームページを開設しているので、そこから検索することも可能である。

④　裁判所の判決は、判例集や専門雑誌に収録されるので、一般には参照しにくいかも知れない。本書で紹介した数件の判決は専門雑誌の『賃金と社会保障』（旬報社）や判例雑誌の『判例地方自治』（ぎょうせい）に掲載されている。最高裁判所のホームページからも判決を検索できるが、商業出版の判例集に掲載されているもの（これがかなり多い）は参照できない。CD-ROMやデータ・サービスが利用できれば便利であるが、かなり高価である。

⑤　以上の各種の資料等で最新のものがよく掲載される情報誌に『保育情報』（月刊。保育研究所編集・全国保育団体連絡会発行。電話03-3339-3901）がある。

あとがき

　本書は、2002年の秋から2003年の春にかけて、『賃金と社会保障』誌（旬報社）に「規制改革と保育所法制」という統一テーマで6回連載した原稿に、『保育白書2003年版』（草土文化）に掲載した小論を加え、再構成して一冊にまとめたものである。もとの原稿を執筆した時からすでに1年数ヶ月たったものもあり、書き直した部分がかなりある。また、原稿を整理・再検討するに当たり、保育研究所の逆井直紀氏の援助を得た。

　保育所法制については、既存の法令の改正が頻繁に行われ、また、新しい法律が制定されたりして、大変わかりにくくなっている。そこで、現在保育所法制がどうなっているかを、保育所に関わって生活している保護者や保育士、保育所経営者、行政担当者などに正確に理解していただくために、本書を出版することにした。現行の法制度の解説であれば、厚生労働省の担当者におこなってもらうのが適当かも知れないが、彼らによる解説は、どうしても政府・厚生労働省の立場からのものになってしまう。これに対して、本書では、国民の立場から見れば最近の保育所法制はこうなっている、こんな問題点がある、このように活用できる、ということを述べている。この狙いが成功しているかどうかは読者の判断にまつしかない。

筆者は、長年勤務した広島大学を退職し、本年4月より龍谷大学に勤務しているが、この記念すべき年に本書を公けにすることができ、大変嬉しく思っている。

　ささやかな書物であるが、信山社の袖山貴社長のご好意により本書は日の目をみることになった。また、編集工房INABAの稲葉文子氏には編集作業を担当していただき、このように読みやすいものになった。両氏に御礼を申し上げたい。

　　2004年6月

　　　　　　　　　　　　　　　　　　　　　田村　和之

　（追記）　表紙とカットは、広島市にある高陽なかよし保育園の、中島
　　　　　弘深(ひろみ)ちゃん（4歳児）の絵をつかわせていただいた。

〈著者紹介〉

田村和之（たむら　かずゆき）

1942年生まれ
大阪市立大学大学院法学研究科修士課程修了
現在　龍谷大学法学部教授、広島大学名誉教授

〈著書・論文〉
『保育法制の課題』（1986年・勁草書房）
『Ｑ＆Ａ私立保育園経営の法律問題』（1988年・全国私立保育園連盟）
『保育所行政の法律問題［新版］』（1992年・勁草書房）
『実務注釈　児童福祉法』（共編、1998年・信山社）

保育所の民営化

2004年(平成16年)7月23日　第1版第1刷発行
3180-0101

著　者	田　村　和　之
発行者	今　井　　　貴
編集所	信山社出版株式会社

〒113-0033 東京都文京区本郷6-2-9-102
　　　　　電　話　03 (3818) 1019
　　　　　ＦＡＸ　03 (3818) 0344

販　売	信山社販売株式会社
発行所	株式会社信山社

Printed in Japan

Ⓒ田村和之，2004.　　印刷・製本／松澤印刷

ISBN4-7972-3180-7　C3332
NDC分類328.671
3180＝012-0200-010

インターネットと法	酒匂 一郎	2000円
交渉する自治体職員	杉山 富昭	1200円
人間の法的権利	ポール・シガート	3800円
夫婦法の世界	小林 公	2524円
人口法学のすすめ	野村 好弘	3800円
女性のための離婚ホットラインQ&A		
離婚ホットライン仙台		750円
遺産分割の調停読本	平柳 一夫	2200円
古代からの遺産争い	平柳 一夫	2900円
内観法はなぜ効くか[第3版]	波多野 二三彦	3000円
リーガルカウンセリング	波多野 二三彦	2800円
組織＝職場での人間関係と生きがい	田代 則春	1400円
学校変革のドラマ	根本 茂	2200円
いじめを超える教育	根本 茂	1553円
教育エネルギー論序説	佐久田 昌一	1700円
アメリカの教育	村田 鈴子	1800円

イジメはなぜ起きるのか	神保 信一	1800円
イジメと家族関係	中田 洋二郎	1800円
学校はイジメにどう対応するか	宇井 治郎	1800円
イジメと子どもの人権	中川 明	1800円
イジメは社会問題である	佐藤 順一	1800円
世界のイジメ	清水 賢二	1800円
子供たちに感動体験を	豊島 安明	1800円
出会いを求める少女たち	山脇 由貴子	1500円
若草の市民たち 1 セリーヌ・ブラコニエ		1400円
若草の市民たち 2 セリーヌ・ブラコニエ		1400円
若草の市民たち 3 エドアール・プラムラン		1400円
若草の市民たち 4 マリアンヌ・シュルツ		1400円
教育女性学入門	村田 鈴子	2427円
セクハラ救済ハンドブック20問20答	水谷 英夫	950円
日本の労使関係と法	外尾 健一	8000円
社会保障改革の視座	新田 秀樹	8000円
地域福祉の実践に学ぶ	土橋 敏孝	3000円

ドメスティック・バイオレンス	戒能民江	3200円
ドメスティック・バイオレンスの法	小島妙子	6000円
マッキノンと語る／ポルノグラフィと売買春	キャサリン・マッキノン	1500円
セクシュアル・ハラスメント	明治学院大学立法研究会	5000円
セクシュアル・ハラスメントの実態と法理	水谷英夫	5700円
労働の法	水谷英夫	2000円
年金政策の中身とそのゆくへ	佐藤進	3200円
労働法と社会保障法	佐藤進	5800円
労働保障法と関連制度政策	佐藤進	6800円
世界の高齢者福祉政策	佐藤進	5800円
社会保障構造改革	松本勝明	8000円
高齢社会への途	手塚和彰	9000円
児童虐待	明治学院大学立法研究会	4500円
児童虐待と現代の家族	中谷瑾子	2800円
児童虐待を考える	中谷瑾子	2800円

砕けたる心(上)	森田宗一	3495円
砕けたる心(下)	森田宗一	3495円
大正少年法(上)	森田明	4369円
大正少年法(下)	森田明	4369円
〈非行少年〉の消滅	土井隆義	3500円
少年法の思想と発展	重松一義	3200円
少年懲戒教育史	重松一義	40000円
ドイツ社会保障論I 医療保険	松本勝明	7500円
ドイツ社会保障論II 年金保険	松本勝明	8000円
高齢者介護と家族——民法と社会保障法の接点	石川恒夫・吉田克己・江口隆裕 編	12000円
あたらしい社会保障・社会福祉法概説	佐藤進・金川琢雄 編	3600円
地域福祉の実践に学ぶ	土橋敏孝	3000円
仏教司法福祉実践試論	桑原洋子	2900円
実務注釈・児童福祉法	佐藤進・桑原洋子 編	6800円
成年後見と社会福祉——実践的身上監護システムの課題	池田恵利子・小賀野晶一・小嶋珠実 編	1400円

親権の判例総合解説	佐藤 隆夫	2200円
子どもの権利と児童福祉法 増補版	許斐 有	2700円
子どもの権利と社会的子育て 許斐有・望月彰・野田正人 編		2600円
現代社会と社会福祉 許斐有・望月彰・野田正人 編		2900円
高齢化社会への途 中 久郎・桑原洋子 編		9000円
社会保障構造改革 手塚和彰 編		8000円
福祉と保健・医療の連携の法政策［新版］ 松本勝明		
高齢化社会の法律・経済・社会の研究 佐藤 進 著		3000円
これから始める福祉のしごと 玉田弘毅・吉田忠雄・入江信子・安蔵伸治 アピックス		5825円
社会福祉・プロ養成ガイド 秋山 智久 アピックス		1553円
余暇時代のいきいき資格		1942円
		1456円